Berit Bergström
Jedes Kind lernt anders

Berit Bergström

Jedes Kind lernt anders

Stärken fördern –
Schwächen verstehen

Aus dem Schwedischen von
Stefanie Werner

Patmos

Titel der schwedischen Originalausgabe:
Alla barn har särskilda behov
Runa Förlag Stockholm © 2001 Berit Bergström und Runa Förlag

Bibliografische Information der Deutschen Nationalbibliothek

Die Deutsche Nationalbibliothek verzeichnet diese Publikation in der
Deutschen Nationalbibliografie; detaillierte bibliografische Daten sind
im Internet über http://dnb.d-nb.de abrufbar.

© der deutschen Übersetzung
2008 Patmos Verlag GmbH & Co. KG, Düsseldorf
Alle Rechte vorbehalten
Printed in Germany
ISBN 978-3-491-40123-2
www.patmos.de

Inhalt

1 emotional-physisch

2 emotional-mental

3 physisch-emotional

4 physisch-mental

5 mental-physisch.

Vorwort

Dieses Buch widme ich meinen fünf Enkelkindern – Simon, Amanda, Gustav, Malin und dem kleinen William – und natürlich allen anderen Kindern auf der Welt.

Mehr denn je müssen wir Menschen heute auf unsere innere Stärke und Fähigkeit vertrauen, unsere Umwelt so zu nehmen, wie sie ist. Ich wünsche mir, dass wir, Eltern und Lehrer, alles daran setzen, die Entwicklung unserer Kinder zu fördern, damit sie zu starken und harmonischen Persönlichkeiten heranwachsen.

Sandra Seagal und David Horne haben mich über viele Jahre an ihren wissenschaftlichen Untersuchungen über die unterschiedlichen Wesensarten der Menschen teilhaben lassen, wofür ich ihnen sehr dankbar bin. Ihre Lehre von den Human Dynamics, die ich als Lehrerin und Rektorin in der Praxis eingesetzt habe, erläutere ich in diesem Buch.

Mein großer Dank gilt meiner Verlegerin, ohne sie wäre aus meinen Aufzeichnungen niemals ein Buch geworden. Ihr positives Feedback, ihr Verständnis für meine Arbeitsweise und ihre Fähigkeit zu strukturieren und den Überblick zu behalten, worauf ich mich immer verlassen konnte, erleichterten mir das Schreiben und gaben mir Sicherheit.

Meine Kolleginnen in der Schule, besonders Anu-Marit Korenius und Eva Bjuhr, die an der praktischen Umsetzung eng mit mir zusammenarbeiteten, hatten immer ein offenes Ohr für neue Ideen in unserer pädagogischen Arbeit und spornten mich mit ihrer positiven Einstellung stets an.

Und nicht zu vergessen: meine Familie, die in all den Jahren, in denen ich mich mit Human Dynamics beschäftigt habe, stets an mich geglaubt und mich gestärkt hat, auch wenn es von Zeit zu Zeit Gegenwind gab – sie freuten sich mit mir, wenn ich mit meiner Arbeit vorwärts kam.

An euch alle ein herzliches DANKESCHÖN dafür, dass ihr da wart und seid!

Huddinge, im Juli 2001
Berit Bergström

Zum Geleit
(von Sandra Seagal und David Horne)

Gute Pädagogen haben vieles gemeinsam, aber im Besonderen die Eigenschaft, sich selbst in einem Lernprozess zu sehen und offen für neue Ansätze innerhalb der pädagogischen Forschung zu sein.

Für sie stehen die Schüler immer im Mittelpunkt, sie akzeptieren sie als Menschen und schließen sie in ihr Herz.

Es war für uns anregend und sehr bereichernd, mit Berit zusammenzuarbeiten. Seit nunmehr fünfzehn Jahren führen wir einen Dialog über die Erfahrungen mit Human Dynamics. Für Berit bedeutete dies eine Reise durch die Pädagogik, bei der wir neue Erkenntnisse, Ideen und Erwartungen austauschten. Auf diese Art entstand auch eine tiefe Freundschaft.

Human Dynamics ist ein Werkzeug, mit dem man feststellen kann, wie unterschiedlich innere Prozesse, Kommunikation, Lösung von Aufgaben und Problemen und die persönliche Weiterentwicklung stattfinden. Wenn man sich als Pädagoge diese Unterschiede klarmacht, kann man anhand dieser Kenntnisse auf die individuellen Bedürfnisse, die ein Kind in den Lernprozess mitbringt, besser eingehen. Außerdem kann der Lehrer dem Kind dabei helfen, seine Entwicklung bewusst wahrzunehmen.

Die Bedürfnisse der Kinder zu sehen, stand für Pädagogen immer im Mittelpunkt ihres Interesses, es hat nur verschiedene Formen angenommen. Heutzutage geht die Ausbildung von Lehrern wesentlich mehr in die Tiefe und verlangt eine stärkere

11

Persönlichkeitsbildung als je zuvor. Was gibt es Wichtigeres, als den künftigen Generationen zu helfen, ihr Potenzial zu erkennen und ihre Talente und Begabungen, die jeder mitbringt, bestmöglich zu nutzen? Das heißt nicht nur, den Intellekt zu fördern und zu entwickeln, sondern auch die Fähigkeit zur Empathie und zum Miteinander. Jeder Einzelne soll als Individuum »aufblühen« dürfen, aber dennoch motiviert sein, mit anderen zusammenzuarbeiten.

Wir empfinden es als Privileg, unser Wissen über Human Dynamics mitteilen zu dürfen. Berit war von Anfang an überzeugt, dass Human Dynamics wichtige Erkenntnisse bietet, ein ganz neuer Bereich innerhalb der Pädagogik und der Psychologie – ein Werkzeug, das sie gern besser erforschen wollte. Es reichte ihr nicht, die theoretische Verankerung der Human Dynamics zu studieren, nein, sie wollte vor allem herausfinden, inwieweit man durch die Anwendung dieser Kenntnisse den Lernprozess der Kinder beeinflussen konnte. Konnte sie als Pädagogin die Kinder dadurch besser verstehen? Gelang es ihr auf die Art, die Bedürfnisse ihrer Schüler zu erkennen?

Wir sind der Auffassung, dass Human Dynamics sowohl Eltern als auch Pädagogen Wissen vermittelt, das ihnen und ihren Kindern hilft, sich und andere besser zu verstehen. Sie erfassen ihre ganz natürlichen Lernprozesse und Entwicklungen. Sich selbst zu kennen, ist die Voraussetzung für ein gutes Selbstwertgefühl und ist daher für das ganze Leben von Bedeutung, etwas, das in unserer Zeit dringend notwendig ist. Heutzutage leben Kinder in einer enorm komplexen und globalen Welt, voller Vielfalt und ständig in Bewegung. Unter diesen Voraussetzungen ist eines der wertvollsten Geschenke, das wir unseren Kindern machen können, dass sie ihre »eigene Sprache« entwickeln.

Pädagogen nutzen Human Dynamics auch, um ihren Schülern das Potenzial der anderen verständlich zu machen und deren Wert zu sehen. Wenn sie das Anderssein der anderen als positiv erleben, gestaltet sich ihre Zusammenarbeit wesentlich harmonischer. Dieses Bewusstsein können die Schüler in ihrem zukünftigen Berufsleben und in den Beziehungen zu anderen Menschen sinnvoll einbringen. So kommen wir einer Welt, in der Harmonie und Kooperation keine Fremdworte sind, vielleicht ein Stückchen näher.

Das Ausbildungsprogramm, das wir auf den Grundlagen der Human Dynamics entwickelt haben, deckt viele Bereiche ab, unter anderem die Entwicklung von Organisationen, Gesundheitsvorsorge und den Brückenschlag zwischen unterschiedlichen Kulturen. Am meisten jedoch liegt uns die Entwicklung und das Wohl unserer Kinder am Herzen.

Mittlerweile gibt es auf der ganzen Welt Human Dynamics-Ausbildungsprogramme für Pädagogen. Doch in keinem anderen Land wurde die Theorie so früh in die Praxis umgesetzt wie in Schweden. Das haben wir Berit und ihrem unermüdlichen Engagement zu verdanken.

Es war uns eine Freude, mit ihr zusammenzuarbeiten und wir sind sicher, dass ihr Buch nicht nur ein großer Erfolg werden wird, sondern gleichzeitig eine Inspirationsquelle für Eltern und Pädagogen, für alle, die Kinder schützen und nach bestem Wissen fördern wollen.

Los Angeles, Mai 2001
Sandra Seagal und David Horne

So fing alles an

In der heutigen Zeit müssen wir Veränderungen in immer kürzeren Abständen verarbeiten. Rasend schnell haben wir uns von einer Gesellschaft, in der uns Werte und Normen noch Sicherheit gaben und wir uns auf unsere gewohnten Strategien verlassen konnten, zu einer Gesellschaft entwickelt, in der Zeit und Raum keine Rolle mehr spielen, und uns via Computer mit einem Mal die ganze Welt offensteht. Es gibt neue Werte und neue Normen, und das, was einmal war, ist vorbei.

Während meiner letzten Schuljahre war der Paradigmenwechsel bereits in Sicht. Bislang waren alle Anweisungen »von oben« gekommen und »irgendjemand« trug die Verantwortung dafür, während wir – das Fußvolk – brav und einhellig folgten. Doch nun wurde diese Organisation »Schule«, in der feste Regeln geherrscht hatten, zu einem Betrieb, der sich an Zielen orientierte. Jeder durfte sich zu Wort melden, jeder hatte die Möglichkeit, Einfluss zu nehmen. Die Schulen sollten ihre Strukturen selbst bestimmen, und jede Schule war mit einem Mal für die eigene Organisation sowie für die Finanzen zuständig. »Gibt es hier denn niemanden mehr, der die Entscheidungen trifft?«, kam mir bisweilen zu Ohren. Wo war unsere Sicherheit, unser fester Rahmen geblieben?

Und dann kam auch noch der neue Lehrplan, der LPO 94. Hier wurde nun zwischen Zielen, die man definitiv erreichen musste und Zielen, die man anvisieren sollte, unterschieden. Was hieß das? Hatten die Ziele, die man unbedingt erreichen sollte, nicht sowieso Vorrang vor den anderen? In vielen Fällen waren wir verunsichert, wie wir die neuen Maximen verstehen sollten. Lehrer und Schüler gerieten unter Druck. Von offizieller Seite drückte man sich unklar aus, und die Kommunen legten oft Pläne vor, die eher dürftig waren. Wir hatten es mit vielen schönen Worten und hehren Zielen zu tun, die das Bild einer wunderbar funktionierenden Schule zeichneten – doch in der Wirklichkeit sah die Sache anders aus.

Auf die Bedürfnisse jedes einzelnen Kindes eingehen? Das Kind zu einem funktionierenden Glied in der Gesellschaft zu machen, seine soziale Kompetenz zu entwickeln, einer Gesellschaft, die multikulturell ist, zu entsprechen, die von Respekt, klaren Regeln und positiven Wertvorstellungen gelenkt wird. ABER WIE SOLLTE DAS GEHEN?

Vor diesem Problem standen plötzlich sehr viele Lehrer. Sie waren wirklich gute Pädagogen, wenn es darum ging, Wissen zu vermitteln, und da meine ich wirklich: vermitteln. Denn noch heute ist diese Art von Pädagogik, die ich als Schülerin vor über fünfzig Jahren erlebt habe, sehr lebendig. Was sollten die Lehrer tun? Wie sollte man vorgehen, wenn man in Zukunft so viel mehr leisten sollte als nur Wissen zu vermitteln?

Viele machten einfach weiter wie bisher und schlugen die Tür zu, hinter der sich die neuen Strömungen in der Pädagogik und die neuen Forschungsergebnisse über Lernprozesse verbargen. Doch als die Forderung kam – und zwar sowohl von der Gesellschaft als auch von den Schülern –, die Schule müsse ihren Blick nach vorn richten und einen Vorstoß in die Gesellschaft von morgen wagen, waren viele überfordert. Der Druck wurde enorm, man geriet ins Abseits. Viele Lehrer fühlten sich verunsichert, weil sie die neuen Richtlinien nicht verstanden oder umsetzen konnten. Am liebsten hätten sie die Zeit angehalten, weil sie nicht mehr mitkamen. Sie wollten ihre alte Schule am liebsten konservieren.

Doch die Schule ist ein Spiegelbild der Gesellschaft, in der wir leben. Stimmt dieses Spiegelbild nicht mehr mit dem Bild überein, das wir selbst von ihr haben, wird die Frustration groß, sowohl unter denen, die sich in der Schulwelt befinden, als auch unter denen, die sie von außen betrachten und nicht begreifen können, warum sie so sein muss, wie sie ist. Dann sucht man händeringend nach Gründen. Wir haben nicht genügend Personal, unsere Organisation kann weitere Änderungen nicht verkraften. Der Anteil an Problemkindern ist zu hoch, zum Glück kann man nachweisen, dass bei jedem zehnten Kind eine Störung vorliegt: DAMP[1]/ADHD, das Asperger Syndrom oder etwas anderes. Die Gesundheitsbehörde stellt die Diagnose und so ist die Schule die Verantwortung los: das Kind ist ja nicht gesund.

In der Kultur und der Gesellschaft, in der wir leben, sind die Werte und Normen von einer Mehrheit entworfen worden. Wie wir sein sollen, uns verhalten und mit anderen umgehen sollen, basiert in der Regel darauf. Die Menschen, die nicht ins Bild passen, werden als sperrig angesehen. Ja, manchmal werden sie sogar als krank bezeichnet oder als gestört.

Als ich im Herbst 1986 in einem Schulbezirk südlich von Stockholm als Direktorin tätig war, erlebte ich etwas, das meine Einstellung zu mir selbst, meiner Familie und meinen Schülern veränderte – vielleicht zu den Menschen an sich.

Anstrengende Monate lagen hinter mir und besonders eine meiner vier Schulen machte große Probleme. An einem Septembertag suchten mich die Lehrer der beiden ersten Klassen auf und sagten: »Frau Bergström, wir schaffen das nicht, wir wissen nicht mehr, was wir tun sollen.« Die Schüler der beiden Klassen waren außer Rand und Band, hängten sich an die Gardinenstangen, wälzten sich auf dem Boden, schlugen sich und schrien herum. Völlig unmöglich, irgendeine Form von Unterricht abzuhalten.

Natürlich mussten wir etwas unternehmen und ich suchte nach einer Möglichkeit, die Sache in den Griff zu bekommen. Zufällig kam ich in Kontakt mit zwei amerikanischen Forschern, die zur der Zeit in Schweden arbeiteten, die Psychologen Sandra Seagal und David Horne. Das Ergebnis ihrer jahrzehntelangen Forschung, das sie Human Dynamics nannten, wurde die Methode der Wahl. Sie sprachen von der Notwendigkeit, die ganz grundlegenden menschlichen Prozesse zu erkennen, sowohl die, die bei uns als auch im Kind vor sich gehen, und sie halfen uns, die Werkzeuge, die sie dafür entwickelt hatten, richtig einzusetzen. Wir lenkten unsere Aufmerksamkeit ganz bewusst auf die Verschiedenartigkeit der Menschen und setzten diese Erkenntnisse bei der Gestaltung der Lernprozesse zielgerichtet ein. Es ging schließlich darum, für die Schüler individuell angepasste Lernsituationen zu gestalten, zu erkennen, was jedes einzelne Kind brauchte und zu begreifen, welche Art von Unterstützung wir ihm für seine Entwicklung anbieten konnten. Wir begannen, uns bewusst zu machen, welche Prozesse in jedem von uns ablaufen und die unterschiedlichen Formen zu erkennen, wie wir funktionieren, kommunizieren, lernen und uns entwickeln.

Als Sandra und David das erste Mal in unsere Schule kamen und die Kinder und Lehrer kennenlernten, gaben sie uns ein paar simple Ratschläge, wie wir die Arbeit mit den Kindern beginnen sollten – eine Reihe von Übungen, die wir in den täglichen Unterricht einfließen lassen sollten: Entspannungsübungen, Konzentrationsübungen und noch andere, die darauf abzielten, den Kindern differenzierte Ausdrucksmöglichkeiten für Gefühle zu vermitteln. Warum das Ganze? Weil sie erkannten, was den Kindern fehlte, und was wir Lehrer zu dem Zeitpunkt noch nicht einmal benennen konnten. So fingen wir an, dieses Training in unseren täglichen Unterricht einzubauen.

Jeden Morgen begannen wir mit einer Entspannungs- und einer Konzentrationsübung, danach beschäftigten wir uns mit Körpersprache und dem aktiven Zuhören. Anfangs waren noch keine Resultate erkennbar, wir konnten ja auch keine Wunder erwarten. Doch es vergingen ein, zwei, drei, ja bis zu sechs Wochen, ohne dass etwas geschah, und wir fragten uns, ob es sinnvoll war weiterzumachen. Aber Sandra und David hatten gesagt: »Im Dezember sind wir wieder in Schweden und dann kommen wir vorbei und schauen nach, was sich bei euch getan hat.« Also fuhren wir fort, wohl mehr, weil es uns peinlich gewesen wäre aufzugeben. Aber etwa Mitte November geschah etwas: Die ersten kleinen Erfolge stellten sich ein! Das Arbeitsklima verbesserte sich und die Kinder waren ruhiger und mehr bei der Sache. Sie konnten sich über längere Zeiträume hinweg konzentrieren und die aggressive Stimmung, die wir nur zu gut kannten, hatte sich gelegt. Das brachte mich wirklich zum Nachdenken: Was war passiert?

Im Januar 1987 bot sich eine Möglichkeit, in die USA zu reisen und eine erste Ausbildung in Human Dynamics zu machen. Dabei traf ich Lehrer aus allen Teilen der USA, Kanada und Israel, die Human Dynamics schon länger bei ihrer Arbeit mit Kindern anwandten. In diesem Jahr absolvierte ich zwei sehr intensive und spannende Kurse. Diese Ausbildung gab den Startschuss zu einem Pilotprojekt, das wir gemeinsam ausarbeiteten. Es sollte ungefähr 500 Schüler aus vier verschiedenen Kulturen einschließen, 25 Lehrer waren involviert.

Im Schuljahr 1987/88 wurden die Klassen, die an der Studie teilnahmen, nach einem vorher exakt festgelegten Plan unterrichtet. Der Unterricht basierte auf der Theorie und den Forschungsergebnissen von Human Dynamics, und jeder Lehrer probierte verschiedene Wege aus, diese Erkenntnisse so konkret und praxisbezogen wie möglich umzusetzen. Unsere Studie bildete daraufhin die Grundlage für Lehrerfortbildungen, die seit 1989 in internationalem Rahmen stattfinden. Das Wissen über Human Dynamics hat uns Lehrer in die Lage versetzt, jedem Kind mit Neugier und Offenheit zu begegnen und die Kombinationen der unterschiedlichen Anlagen, die natürlicherweise vorhanden sind, zu entdecken.

Es dauert seine Zeit, bis die Schule neue Einflüsse annimmt und umsetzt, das ist bekannt. Sie ist ein eher träger Apparat und ihn zu verändern, ist harte Arbeit. Ein norwegischer Wissenschaftler hat entdeckt, dass grundlegende Veränderungen bis zu siebzig Jahre dauern können. Ich hatte es auch nicht leicht und stieß auf einigen Widerstand, als ich begann, von Human Dynamics zu erzählen. »Was ist das denn? Wieder so ein amerikanisches Hirngespinst? Wir haben doch genug mit unseren eigenen Problemen zu tun, danke, kein Bedarf!« Wie oft fragte ich mich: Bin ich denn die Einzige, die den Wert darin sieht? Aber es gab doch auch andere, die verstanden hatten, dass wir mit Human Dynamics ein Modell in die Hand bekamen, das uns die Prozesse erklärte und benannte, mit denen wir tagtäglich im Umgang mit Menschen konfrontiert waren – ob es sich nun um Erwachsene oder Kinder handelte. Nur wenige waren offen, zeigten sich neugierig und ließen sich auf das Unbekannte ein.

Aber sollte ich deswegen aufgeben? Heute bin ich für den Gegenwind, der mir damals ins Gesicht blies, dankbar. Jemand sagte mal, dass Feinde die besten Lehrmeister seien, und ich glaube, dass das stimmt. Der Widerstand stachelte mich noch mehr an, meine Kenntnisse über Human Dynamics weiter zu vertiefen und abzusichern. In den Jahren, die ich mit diesem Modell arbeite, habe ich es geschafft, es sowohl in meinem Denken als auch in meiner Arbeit fest zu verankern. Das hat mir die Augen geöffnet und ich kann meinen Schülern nun viel besser bei ihrem nächsten Schritt helfen.

Was ist Human Dynamics?

Warum benannten Sandra Seagal und David Horne ihre Forschungen, die sie Ende der 70er Jahre begannen, Human Dynamics? Das Wort »human« bedeutet menschlich und »dynamics« ist eine Bezeichnung für Veränderung und Entwicklung, das heißt, beide Worte markieren, dass es sich hier um grundlegende Prozesse beim Menschen handelt.

Schon sehr früh interessierte sich Sandra Seagal für die - wie sie es nennt – grundlegenden Strukturen im Menschen. In ihrer Arbeit als Psychotherapeutin begann sie, verschiedene Muster bei ihren Patienten zu unterscheiden, zum Beispiel in der Art, wie sie kommunizierten, mit Informationen umgingen, sich mit Problemen auseinandersetzten oder sich Wissen aneigneten. Und diese Muster hinterließen immer ihre Spuren, bei allem, was der Mensch tat.

Tausende von Interviews, strukturierte und nicht strukturierte, wurden geführt und dokumentiert. Eine weitere Grundlage bildeten zudem Tausende von Videoaufnahmen, die die verschiedenen menschlichen Persönlichkeitsdynamiken, wie Sandra Seagal sie nennt, sichtbar machen. Auf der ganzen Welt haben sich Zehntausende in Human Dynamics ausbilden lassen und schließlich mit weiteren empirischen Untersuchungen zu einer umfangreichen Datensammlung beigetragen.

Die Muster, die Sandra Seagal entdeckte, beschrieb sie als Zusammenspiel dreier grundlegender Prinzipien: dem mentalen, dem emotionalen und dem physischen Prinzip. In unserer Persönlichkeit sind zwar alle drei angelegt, doch es scheint so, als nähme eines von ihnen einen zentralen Platz ein. Wie die drei Prinzipien zusammenarbeiten und wie weit sie jeweils entwickelt sind, prägt unsere Persönlichkeit. In einem ständigen Wechselspiel beeinflussen sie sich gegenseitig und entwickeln sich dabei fort, sodass eine qualitative Veränderung das ganze Leben lang möglich ist.

Die Muster, die Sandra Seagal beobachtet und daraufhin definiert hat, beschreiben die Grundzüge einer Persönlichkeit, doch – und darüber muss man sich im Klaren sein – sie geben nie ein vollständiges Bild unserer enorm komplexen Charaktere. Human Dynamics ist keine Typenlehre, bei der man die Menschen einfach in Schubladen sortiert, vielmehr sollte man jede Persönlichkeitsdynamik als eine Art Resonanzboden mit spezifischen Charakteristika verstehen. Zahlreiche Nuancen ergänzen unser Wesen.

Wir erleben unsere Umgebung mit unseren Sinnen, Gedanken und Gefühlen und besitzen die Fähigkeit, Gedanken und Gefühle in praktische Handlungen umzusetzen. Das Zusammenspiel von Denken, Fühlen und Handeln – oder nach Sandra Seagals Terminologie: dem mentalen, dem emotionalen und dem physischen Prinzip – steht bei uns Menschen im Mittelpunkt.

Das mentale Prinzip

Mit Hilfe des mentalen Prinzips drücken wir unsere Gedanken aus. Es versetzt uns in die Lage, Situationen zu erfassen und den Wert einer Idee zu erkennen, uns auf eine Aufgabe zu konzentrieren und Strukturen zu bilden.

Ist das mentale Prinzip weit entwickelt, sind wir in der Lage, objektiv zu handeln, unsere Wertmaßstäbe zu benennen und uns langfristige Ziele zu stecken. Wenn das mentale Prinzip weniger ausgeprägt ist, erkennt man das an Schwierigkeiten, Dinge zu fokussieren und zu selektieren, an Unklarheit und Ungenauigkeit.

Das emotionale Prinzip

Das emotionale Prinzip ist wichtig für unsere Interaktion mit anderen Menschen. Es beschreibt den eher subjektiven Part in uns, unsere Gefühlswelt. Es hilft uns zu organisieren, Zusammenhänge herzustellen und neue Formen zu schaffen. Das emotionale Prinzip ist eng mit unserer Kreativität und Phantasie verbunden.

Wenn das emotionale Prinzip weit entwickelt ist, können wir leicht Kontakte zu Mitmenschen aufbauen, ein Bewusstsein für sie entwickeln und mit ihnen kommunizieren. Ist das emotionale Prinzip nicht so stark, äußert sich das in Problemen, Gefühle in angemessener Weise auszudrücken, wie auch darin, dass eigene Wünsche und Bedürfnisse immer in den Mittelpunkt gestellt werden, man zu schnellen Urteilen neigt und die Beziehungen zu den Menschen im Umfeld belastet sind.

Das physische Prinzip

Das physische Prinzip steht in Beziehung zu unserem Handeln. Es ist unsere praktische Veranlagung und dafür zuständig, dass wir die Ideen und Gedanken, die vom mentalen Prinzip ausgehen, im Zusammenspiel mit dem persönlichen Engagement, das das emotionale Prinzip verursacht, umsetzen können. Dieses Prinzip steht hinter allen Möglichkeiten, Abstraktes in die Praxis umzusetzen.

Wenn das physische Prinzip weit entwickelt ist, dann haben wir ein gutes Gefühl für Qualität, Funktion und Gesamtheit. Ist es weniger stark ausgeprägt, so wird das an Schwierigkeiten, eine Idee in die Tat umzusetzen und dabei Ausdauer zu beweisen, offenbar.

Die Persönlichkeitsdynamiken des Menschen

Alle drei Prinzipien befinden sich in einem dynamischen Zusammenspiel. Doch eines von ihnen nimmt in jedem von uns einen zentralen Platz ein. Sandra Seagal und David Horne sind der Auffassung, dass manche Menschen eher mental, andere eher emotional und wieder andere physisch zentriert sind.

Mental zentriert: **Emotional zentriert:** **Physisch zentriert:**

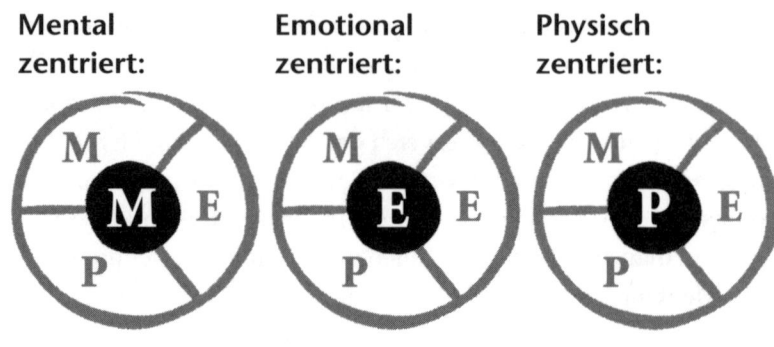

Das Denken ist ein innerer, linearer Prozess *Das Denken ist ein innerer und äußerer assoziativer Prozess* *Das Denken ist ein innerer, systembildender und systematischer Prozess*

Um herauszufinden, wie wir »funktionieren«, ist es wichtig zu wissen, welches dieser Prinzipien bei uns im Zentrum steht.

Lassen Sie uns einen Blick darauf werfen, wie ein mental zentrierter Mensch mit Informationen umgeht. Sein Denken ist ein innerer, linearer Prozess und orientiert sich an einer starren Struktur: a-b-c-d-e. Informationen sammeln, verstehen und Schlussfolgerungen ziehen, diese Schritte erfolgen logisch einer nach dem anderen.

Bei einer emotional zentrierten Person ist dieser Prozess eher assoziativ angelegt und vollzieht sich oft im Dialog mit anderen Personen oder auch als innerer Dialog. Die Gedankengänge folgen einem nicht ganz so vorhersehbaren Schema, vielleicht a-c-d-b-e. Schlussfolgerungen werden möglicherweise getestet und wieder verworfen, während parallel die Erkenntnisse gewonnen werden.

Ist eine Person physisch zentriert, legt sie großes Gewicht auf umfangreiche Hintergrundinformationen und ist bestrebt, den Sachverhalt sowohl im Ganzen als auch in Zusammenhängen zu erfassen. Wie auch bei der mental zentrierten Person werden selten andere Menschen involviert, bevor man die Sache selbst »zu Ende gedacht« hat.

Aufgrund ihrer Beobachtungen haben Seagal und Horne eine weitere Schlussfolgerung gezogen: Es scheint eine engere Kooperation zwischen dem Prinzip, das an zentraler Stelle steht, und einem der beiden anderen zu geben, und das Zusammenspiel dieser zwei bildet eine Art »Operativsystem« für die Prozesse, die in uns ablaufen. Die Persönlichkeitsdynamiken, die Seagal bereits vor mehr als zwanzig Jahren erkannte, wurden daher nach den zwei Prinzipien benannt, die meistens miteinander kooperieren. Folglich hat zum Beispiel ein emotional zentrierter Mensch, bei dem das emotionale Prinzip eng mit dem physischen zusammenspielt, eine emotional-physische Persönlichkeitsdynamik.

Das dritte Prinzip kann sowohl bei Kindern als auch bei Erwachsenen mehr oder weniger entwickelt und integriert sein. Integration bedeutet, alle drei Prinzipien arbeiten zusammen. Allerdings haben viele reife Erwachsene das dritte Prinzip in ihr Verhalten integriert, sodass ihnen ihr volles Potenzial zur Verfügung steht.

Seagal/Horne haben fünf Persönlichkeitsdynamiken definiert, von denen sie meinen, dass sie am häufigsten vorkommen. Sie werden in dem Buch Human Dynamics (1996) eingehend beschrieben. Ausgehend von ihren Untersuchungen stellen die

Autoren die These auf, dass der Großteil der Bevölkerung unserer westlichen Welt emotional zentriert ist. In Asien hingegen sind die meisten Menschen physisch zentriert. Menschen, die mental zentriert sind, konnten sie sowohl in Asien als auch in unserer westlichen Welt nur in sehr geringer Anzahl finden.

In einer Studie haben Seagal/Horne die Entwicklung eines Kindes im Alter von sechs Monaten bis zu 12 Jahren verfolgt. Die Persönlichkeitsdynamik, die man bereits beim Kleinkind erkennen konnte, trat in allen Entwicklungsphasen deutlich zutage.

Wenn man versucht, die unterschiedlichen Bedürfnisse von Kindern zu erkennen, weil man sie verstehen und einen Zugang zu ihnen finden möchte, ist Human Dynamics ein wertvoller Ansatz. Wenn wir wissen, was sie brauchen, können wir die Kinder schon sehr früh in ihrer Entwicklung unterstützen. Und davon profitieren nicht nur Menschen in pädagogischen Berufen, sondern Eltern in mindestens ebensolchem Umfang.

Das Wissen über den Ablauf von Lernprozessen wird kontinuierlich durch Forschung erweitert, daher ist es heutzutage für die meisten Menschen selbstverständlich, dass sowohl Sehen (visuelle Erlebnisse) und Hören (auditive Erlebnisse) als auch etwas Selbst-tun (kinästhetisch-taktile Erlebnisse) für den Lernprozess nötig sind.

Human Dynamics trägt dazu bei, dass wir Erkenntnisse darüber erhalten, wie unsere Persönlichkeitsdynamiken die Präferenzen für die eine oder andere Sinneswahrnehmung bestimmen. Manche von uns möchten beim Lernen gern zuerst etwas über das Thema anschauen, dann etwas darüber lesen, um anschließend über die Informationen zu sprechen, die sie dem Text entnommen haben. Andere bevorzugen es, erst einmal jemandem zuzuhören, der über den Sachverhalt referiert, um dann selbst etwas darüber zu lesen. Und wieder andere möchten am liebsten gern gleich in die Situation gestellt werden, etwas Konkretes erleben, und sich erst anschließend mit der Sache auf abstrakterem Niveau befassen.

Die zentralen Prinzipien geben zum Beispiel auch Hinweise darauf, wie jemand Gruppenarbeit empfindet, ob er sofort tief in ein Thema einsteigt oder zuerst nur an der Oberfläche bleibt.

Können wir in der Schule wirklich all diesen Bedürfnissen entsprechen oder handelt es sich eher um eine Utopie in unserem Lehrplan?

Die Maisonne strahlt durch die Fenster des Klassenzimmers und wirft ihr Licht auf die Köpfe der 24 Kinder, die intensiv mit den Arbeiten für die Woche beschäftigt sind.

Da kämpft Fredrik mit seinen Mathe-Aufgaben, Fredrik, der immer so beschäftigt ist mit allem, was um ihn herum passiert. Du bist so sensibel und nimmst die Meinungen von uns anderen so wichtig.

Mein Blick wandert weiter. Lena, meine gradlinige Lena, die immer vor Ideen sprudelt und es kaum erwarten kann, mit ihrer Arbeit endlich loslegen zu dürfen.

Mattias, ich hoffe, ich habe dir für deine Aufgaben in dieser Woche genügend Zeit gegeben. Du möchtest ja am liebsten immer erst lange in Ruhe dasitzen und nachdenken, bevor du beginnst.

Marie, ich habe geglaubt, du seist so schüchtern, weil du zu mir nicht wie zu den anderen Kontakt aufgenommen hast. Heute weiß ich, dass das nichts mit mir zu tun hat, sondern an deiner ureigenen Art liegt.

Und dann sitzt da Christian, du vermittelst den Eindruck, als würdest du gar nichts tun, aber ich weiß genau, dass es in deinem Kopf gerade arbeitet und dass du nicht gestört werden willst.

Stellt euch vor, jetzt kennen wir uns schon fast drei Jahre. Damals waren wir uns fremd, jetzt sind wir Freunde geworden. Ich habe viel von euch gelernt, auch wenn es mitunter nicht einfach war, doch wir haben viel Spaß miteinander gehabt.

Als ich am ersten Tag vor euch gestanden habe, war mir klar, dass ich nicht mehr dieselbe Lehrerin sein würde, die ich jahrelang gewesen bin. Nein, mit meinen neuen Kenntnissen über Human Dynamics wollte ich neue Wege finden. Mir war klar, dass es ungefähr der Hälfte der Klasse entsprach, wie ich meinen Unterricht gestaltete, aber was war mit den anderen? Jetzt wollte ich, dass alle von euch meine Botschaft verstehen konnten.

Erinnert ihr euch noch, als ich euch in der vierten Klasse viel zu viel Verantwortung gab? Es war einfach noch zu früh. Einige von euch kamen weinend zu mir und sagten: »Wir wollen das gar nicht selbst entscheiden, wir wollen, dass du das entscheidest und uns dann sagst, was wir machen sollen.«

Ich weiß, dass ich viel zu schnell Erfolge sehen wollte. Ich hatte während der Sommerferien drei Ziele formuliert. Euer Verantwortungsgefühl zu entwickeln, euer Selbstvertrauen aufzubauen, sodass ihr motiviert zum Lernen wart, und euren eigenen Wert und den der anderen zu erkennen und zu respektieren.

Am Anfang solltet ihr Riesenschritte machen, doch das wurde gar nichts, vor lauter Chaos mussten wir wieder einen Schritt zurück und dann langsam vorwärts gehen.

Die Wochenplanung wurde ein fester Bestandteil unseres Montagvormittags. Wir begannen so, dass wir uns ein Fach gemeinsam vornahmen und dann machte jeder seine eigene Detailplanung. Als sich alle daran gewöhnt hatten, Pläne für ihre Arbeit zu machen, sah unser Schulalltag wie folgt aus:

Am Anfang besprachen wir den Tagesablauf im PLENUM gemeinsam und überlegten gleich, was wir in Gruppenarbeiten tun wollten. Anschließend konnte jeder seine eigene Planung für den Tag machen. Jeden Tag standen ein oder mehrere UNTERRICHTSSTUNDEN auf dem Programm, in denen ich neue Themen einführte. Sie waren so angelegt, dass sie die Schüler zur eigenen Weiterarbeit motivierten. Die FREIE ARBEITSZEIT wurde teils für Themenarbeit,

Projekte und Forschung und teils für die eigene Arbeit in den Hauptfächern genutzt: Schwedisch, Mathematik und Englisch.

Das Klassenzimmer, der Flur und der Materialraum nebenan wurden zu verschiedenen »Studienzentren« erklärt.

Der Flur war ab sofort unser »Stiller Raum«, damit man dort einzeln in Ruhe arbeiten konnte. Im Materialraum, der für Gruppenarbeiten zur Verfügung stand, fanden unsere Diskussionen statt und im Klassenzimmer hatten wir genügend Platz für künstlerisches Arbeiten und Experimentieren.

Jetzt sind wir in der sechsten Klasse und ihr habt die Planung fast vollständig übernommen, arbeitet selbstständig und verantwortungsvoll an den Themen, die ihr für diese Woche festgelegt habt. Manchmal komme ich mir fast überflüssig vor, aber genau das wollten wir ja erreichen. Wir wissen nun, dass jeder eine andere Art zu lernen hat und jeder sich anderen gegenüber unterschiedlich verhält, und der Respekt vor dieser Tatsache bewirkt, dass ihr gemeinsam wachst und euch entwickelt. Das Selbstwertgefühl und das Selbstvertrauen werden gestärkt und wir sind fast unschlagbar.

Hier bin ich! Kannst du mich sehen? Hast du mich lieb?

Das emotional-physische Kind

Das emotionale Prinzip steht im Mittelpunkt, arbeitet jedoch eng mit dem physischen Prinzip zusammen – daher der Name. Im emotionalen Prinzip ist unsere Fähigkeit und unser Bedürfnis, Beziehungen zu anderen aufzubauen, verankert. Mit dieser Persönlichkeitsdynamik nehmen wir Beziehungen zu unserem gesamten Umfeld auf, mit all seiner Vielfalt an Menschen und Gegenständen.

Simon ist vier und gerade im »Balleralter«. Er sieht mich an der Treppe und fragt: »Omi, spielst du mit mir Räuber und Gendarm?« Schon bei der Frage fällt mir sein unsicherer Blick auf und so schiebt er hinterher: »Omi, magst du der Räuber sein oder willst du lieber Gendarm spielen?« Als ich ihn daraufhin frage, was er denn gern sein möchte, antwortet er zaghaft: »Naja, ich möchte gern Gendarm sein. Aber Omi, es gibt auch liebe Räuber!« Und so antworte ich ihm: »Prima, dann bist du der Gendarm und ich der liebe Räuber.«

Das emotional-physische Kind sucht immer nach Ihrer Bestätigung. Ist das, was ich mache, auch gut? Bin ich selbst gut genug, genüge ich? Mitunter ist es schwer, nein zu sagen, denn dem anderen könnte das, was ich sage oder tue, nicht gefallen. Man kann dem Kind helfen, indem man seine Aufmerksamkeit auf die eigenen Bedürfnisse lenkt und es davon abbringt, unermüdlich die der anderen zu befriedigen. Es ist eine wichtige Übung für das Erwachsenwerden, dass man zu Dingen, die man nicht tun will, auch Nein sagen kann.

Simon sitzt im Flur des Kindergartens und wartet darauf, dass er abgeholt wird. Er macht ein unglückliches Gesicht, sein Anorak liegt auf dem Boden und er wirkt niedergeschlagen und traurig. Als seine Mutter kommt, fragt sie ihn:
»Aber Simon, was ist denn mit dir los, geht es dir nicht gut?« Er schüttelt den Kopf, während er gegen die Tränen ankämpft. Gleichzeitig hört man aus einem Raum ein Mädchen mit seinem Papa streiten. Er will sie abholen. Alles was in diesem Raum zwischen dem Kind und seinem Vater geschieht, saugt Simon in sich auf.
»Simon, ist es schlimm für dich, dass Elin so traurig und wütend war und Streit mit ihrem Papa hatte«, fragt ihn seine Mutter, als sie ins Auto steigen.
Er nickt.
»Weißt du, warum sie so traurig und wütend war?«
»Die im Kindergarten sind alle blöd«, antwortet Simon.
»Nein«, entgegnet seine Mutter, »ich glaube Elin war traurig und wütend, weil ihr Papa nicht mehr bei ihr und ihrer Mama wohnt. Aber Simon, das ist doch überhaupt nicht deine Schuld. Das ist Elins Sache und die ihrer Mama und ihres Papas.«
Als seine Mutter das ausgesprochen hat, reckt Simon sich im Kindersitz, atmet tief durch und sagt erleichtert:
»Nein, ich bin nicht schuld.«

Es ist wichtig zu wissen, dass eine emotional-physisch gelagerte Persönlichkeit – und das betrifft sowohl Kinder als auch Erwachsene – Schwierigkeiten haben kann, die eigenen Gefühle von denen der anderen zu trennen. Weil man aus seiner Umgebung so leicht etwas aufnimmt, verschmilzt man mit positiven und negativen Gefühlen und Signalen. Das Kind braucht mögli-

cherweise Unterstützung, um Distanz zu entwickeln, man muss
ihm immer wieder sagen, dass nicht alles mit ihm zu tun hat.
Denn es übernimmt sonst schnell die Schuld an allem Möglichen.

Im Klassenzimmer erlebt das emotional-physische Kind, dass
die Lehrerin »auf mich am bösesten war«, wenn sie mit ihrer
Klasse schimpft. Wie oft haben nicht wir Erwachsene von einem
Kind zu hören bekommen: »Ich war es nicht, ich bin nicht
schuld!«, wenn etwas vorgefallen ist. Das Kind kann ganz woan-
ders gewesen sein, gar nicht am Ort des Geschehens, aber dennoch sucht es die Bestätigung von uns, dass es mit der Sache
nichts zu tun hat.

Fredrik steht jeden Morgen im Flur und wartet darauf, dass ich
komme, denn ihm ist ein kleines Gespräch mit mir vor dem Unterricht sehr wichtig. Dieser Junge reagiert auf alles ganz körperlich –
seine Gefühle sind äußerlich sofort sichtbar. Wenn wir zum Beispiel
Tests in Mathematik oder Englisch schreiben, empfindet er das so
extrem, dass er sich vor Nervosität fast übergeben muss. Er braucht
meine Bestätigung, dass ich weiß, dass er sein Bestes geben wird.
Außerdem ist es sehr wichtig für ihn, dass er sich wohlfühlt und die
Gruppe harmonisch erlebt.

Bezeichnend für emotional-physische Kinder ist, dass sie oft
wortreich erzählen, wenn sie über eigene Gefühle und Erlebnisse
berichten. Sie sind mitfühlend, lebendig und kreativ und wie
schon gesagt: sie lassen sich schnell in alles und jedes hineinzie-
hen. Sie mögen Abwechslung und verlieren schnell die Konzentration, weil ihr Blick auf so vieles gerichtet ist.

Das emotional-physische Kind hat zudem ein großes Bewe-
gungsbedürfnis, besonders wenn es nicht recht weiß, wie es eine
Sache angehen soll oder was genau von ihm erwartet wird. In

dem Fall helfen ihm Angebote zur Entspannung und Bewegung. Es ist wichtig, mit dem Kind zu üben, sich nur auf eine Sache zu konzentrieren, indem man ihm ruhige Arbeitsbedingungen verschafft und die Möglichkeit, mit sich allein zu sein.

Als Erwachsener kann ich selbst dafür sorgen, dass ich die Zeit für mich bekomme, die ich benötige. Aber Kinder kennen ihre inneren Bedürfnisse nicht unbedingt, sie drehen gern immer mehr auf und lassen sich von äußeren Reizen zunehmend aus dem Gleichgewicht bringen.

Jedes Kind braucht Bestätigung und Lob von uns Erwachsenen, aber für das emotional-physische Kind ist es quasi die Luft zum Atmen.

Malin, unser zweitjüngstes Enkelkind, auch emotional-physisch, war mit dem Opa im Bus unterwegs. Leider gab es keine zwei freien Sitzplätze mehr, so setzte Malin sich auf den Platz vor dem Großvater. Neben Malin saß eine Frau. Nach einer Weile versuchte Malin, mit der Frau neben ihr Kontakt aufzunehmen. Sie fragte: »Hallo, wie heißt du denn?« Die Frau gab keine Antwort und sah zum Fenster hinaus. Malin startete einen neuen Versuch: »Wir fahren nach Skansen[2], und du?« Wieder keine Antwort. Da drehte sich Malin zu ihrem Großvater um und sagte: »Opa, die Frau ist ganz schüchtern, sie traut sich nicht, mit mir zu reden.«

Es ist wichtig, dass wir allen Kindern helfen, ihre Gefühle auszudrücken, sowohl verbal als auch anders. Aber für die emotional-physischen Kinder ist es besonders wichtig, denn ihre Gefühlswelt ist das Zentrum ihrer Persönlichkeit. Wir können uns zum Beispiel mit ihnen unterhalten, sie etwas malen oder schreiben lassen. Körperliche Aktivität und ruhige Musik hilft diesen Kindern, das Tempo zu drosseln und die Spannungen, die sie in sich tragen, aufzulösen.

Wenn das emotional-physische Kind die Signale seiner Umgebung nicht versteht, es nicht wahrgenommen wird und keine Bestätigung erhält, kann es sehr unruhig werden. Diese Unruhe äußert sich, indem das Kind unkonzentriert wird, viel redet oder »summt« und nicht in der Lage ist, still zu sein.

Als Simon sein erstes Schuljahr in der Vorschulklasse schon fast beendet hat, sagt er immer wieder:
»Ich will nicht mehr in die Schule gehen, es macht mir keinen Spaß. Ich will diese Kaninchen nicht machen.«
Immer wieder ist von den Kaninchen die Rede und schließlich bittet Simons Mutter die Lehrerin um ein Gespräch. Ihr ist klar, dass die Kaninchen für etwas anderes stehen, das Simon nicht benennen kann. Im Gespräch mit der Lehrerin fragt Simons Mutter, ob etwas Außergewöhnliches passiert sei und was er wohl damit meinen könne. Die Lehrerin erklärt, sie sei sehr verärgert, dass Simon sich ständig in den Vordergrund dränge, so unruhig sei und im Stuhlkreis nicht still sitzen könne. Auf die Frage, ob sie mit Simon darüber gesprochen habe, antwortet sie, sie habe dies mehrmals im Stuhlkreis getan, jedoch nicht unter vier Augen.
Daraufhin treffen sich Simons Mutter, Simon selbst und die Lehrerin zu einem Gespräch. Die Lehrerin bringt ihre Verärgerung darüber zum Ausdruck, dass Simon sich so in den Vordergrund spielt und die anderen Kinder oft unterbricht, wenn sie etwas erzählen wollen. Und da kann Simon einsehen, was sie meint. Er hatte die Gefühle seiner Lehrerin übernommen, ohne zu verstehen, woher sie eigentlich kamen. Diese Unklarheit beunruhigte ihn sehr und führte dazu, dass er viel mehr redete als üblich und nicht still sitzen konnte.
Aber als das geklärt war, sah er es ein. Die Lehrerin und Simon vereinbarten einen heimliche Code: Jedes Mal, wenn sie meint, dass er sich zu auffällig benimmt, gibt sie ihm nun ein Zeichen. Und siehe da: Es wurde besser und Simon geht wieder gern in die Schule.

Lassen Sie mich von Janne berichten.

Janne kam im Herbst 1988 auf unsere Schule. Er begann in Klasse 3 und war von Anfang an ein »Problemkind«. Er hatte oft Streit mit Mitschülern und Lehrern. Manchmal schickten sie ihn in mein Büro, weil die Lehrerin in der Klasse mit ihm nicht mehr fertig wurde. Dann war er immer sehr still, zurückhaltend und mir gegenüber feindselig gestimmt. Er sah ununterbrochen auf den Boden und weigerte sich mich anzuschauen. Janne war ein fester Tagesordnungspunkt bei unseren Konferenzen. Wir führten unzählige Gespräche mit Jannes Mutter, ein Vater war nicht auf der Bildfläche. Die Mutter wirkte recht hilflos und schien weder die Situation noch Janne im Griff zu haben. Oft geschah es, dass Janne und seine Mutter in heftigen Streit gerieten, wenn wir zusammen kamen.

Die Mutter schrie ihn beispielsweise an:

»Dass du mir immer Ärger machen musst, was habe ich nur für ein Kind!«

»Halt die Klappe, Alte!« schrie Janne zurück.

Vor unseren Augen entstand das Bild eines recht einsamen und verunsicherten Kindes. Ein kleiner emotional-physischer Junge, der kein Wunschkind war und überall als Problem empfunden wurde. Und er wollte doch die ganze Zeit nur Bestätigung finden, wollte wahrgenommen werden. Als ihm das auf positive Weise nicht gelungen war, entschied er sich für den negativen Weg. Weil er so oft erlebt hatte, dass er von allen enttäuscht wurde, legte er seine Gefühle unter Verschluss. Er entschied sich, seine Gefühlswelt abzustellen und wurde der coole und distanzierte Janne, der sich an den Schwächeren ausließ und randalierte. Die Mutter erzählte uns, dass sie ihn, wenn sie richtig böse war, manchmal angeschrien habe, sie habe ihn nie haben wollen und liebe ihn auch nicht. Für das emotional-physische Kind ist das geradezu der Todesstoß.

Also erarbeiteten wir ein Konzept für Jannes Entwicklung. Eine speziell für solche Probleme ausgebildete Lehrerin arbeitete allein daran, Jannes Gefühlswelt wieder zu öffnen, die für die emotional-physische Persönlichkeit so wichtig ist. Bei ihr durfte er der kleine Junge sein, dem nur um seiner selbst willen Liebe und Wertschätzung entgegengebracht wurden.

Es wurde ein langer Weg, aber es gelang uns am Ende, ihm zu helfen, auch wenn wir zwischenzeitlich das Gefühl hatten, auf der Stelle zu treten. Alles war so zerbrechlich. Würde er sein Misstrauen überwinden? Parallel arbeiteten wir mit seiner Mutter daran, ihre Verhaltensmuster und ihre Meinung über ihn zu ändern. Sie erhielt von uns die Aufgabe, ihrem Sohn jeden Tag zu sagen, wie lieb sie ihn hatte und wie wichtig er für sie war. Wenn er etwas gut machte, bekam er ein wirklich dickes Lob. Wir legten klare Regeln fest und wenn er dagegen verstieß, erlaubten wir ihm, in Anwesenheit eines Erwachsenen seiner Wut darüber Luft zu machen, aber gleichzeitig seine Traurigkeit über sein Versagen zu spüren. Wir bemühten uns, seine Gefühlswelt regelrecht wieder auszugraben, sprachen mit ihm darüber, ermutigten ihn, sich im Malen oder mit Worten auszudrücken und wir halfen ihm zu erkennen, was sie bedeuteten.

Gemeinsam mit Jannes Mutter konnten wir Jannes Bedürfnisse befriedigen, aus der negativen Spirale, in der sie sich befanden, ausbrechen und beginnen, sein neues positives Selbstbild aufzubauen und das Selbstbewusstsein zu stärken. Menschen, die Janne ein paar Jahre später kennenlernten, hatten keine Ahnung, dass er einmal solche Probleme gehabt hatte, sie konnten es sich gar nicht vorstellen.

Der Lernprozess bei emotional-physischen Kindern

Wenn Kinder mit einer emotional-physischen Persönlichkeitsdynamik etwas Neues lernen sollen, möchten sie am liebsten erst einmal jemandem zuhören, der den Lerninhalt vorträgt. So verbinden sie die neuen Informationen mit bekannten Erlebnissen und Gefühlen. Wie finde ich das? Wird mir die Sache Spaß machen?

Die Informationen werden sehr subjektiv aufgenommen und auch in einem interaktiven Prozess mit den anderen verarbeitet. Weil sprechen und denken so eng miteinander verknüpft sind, muss das Kind in einen Dialog treten, um etwas zu erfahren und zu verstehen.

Als sich Sara im ersten Schuljahr mit dem Thema »Haustiere« beschäftigte und die Katze an die Reihe kam, musste sie gleich von der Katze ihrer Großmutter erzählen, die im letzten Sommer Junge bekommen hatte. Sie beschrieb, wie süß die Kätzchen gewesen seien und wie sie sich um sie gekümmert habe.

Anschließend verbinden die Kinder die neuen Lerninhalte mit Erfahrungen und Gefühlen, die sie an ähnliche Situationen erinnern. In dieser Phase des »Verknüpfens«, noch bevor ihnen richtig klar ist, wie sie vorgehen sollen und was am Ende herauskommt, kann es passieren, dass sie sich verunsichert fühlen und Hilfe brauchen: »Ich weiß nicht, wo ich anfangen soll, ich verstehe das nicht, ich glaube, ich kann das gar nicht!«

Man stelle sich einfach ein Puzzle vor, wo die Teile am Anfang auf einem Haufen liegen. Man beginnt, indem man sucht und die ersten Teile findet, die zusammenpassen, ein paar weitere hinzufügt, und schließlich sieht, dass immer mehr Teile an Ort und Stelle sind. Mit einem Mal »erkennt« man, was daraus werden wird, die Struktur wird sichtbar und das Kind hat ein Ziel, das es ansteuern kann. Die Anspannung vom Anfang lässt nach.

Das emotional-physische Kind kann sich individuell und phantasievoll ausdrücken, es findet für Fragestellungen neue Lösungsmöglichkeiten und tut sich nicht schwer, kreativ zu sein.

Meist ist für diese Kinder der Weg, also der Prozess an sich, wichtiger als das endgültige Ziel.

Von Anfang an hält das emotional-physische Kind Kontakt zu seinen Mitschülern, es will sich über Erfahrungen und Ergebnisse mit den anderen austauschen. Das erste »Produkt« kann so lange überarbeitet werden, bis man damit rundum zufrieden ist. Für diese Kinder sind Aufsatzübungen, bei denen man an einem Text wiederholt arbeiten kann, eine sehr gute Möglichkeit, das Schreiben von Erzählungen zu üben.

Weil das Kind so flexibel und mit seiner Aufmerksamkeit überall ist, muss man ihm einen konkreten Zeitrahmen geben, sonst kann die Sache »ausufern« und das Kind findet kein Ende.

Wenn man sich wohlfühlt, geht das Lernen leichter. Insofern ist eine gute Beziehung zum Lehrer sehr wichtig, das Kind muss spüren, dass Sie es mögen.

Ich war ein emotional-physisches Kind und konnte in der Schule einfach kein Englisch lernen, weil ich spürte, dass mich die Lehrerin nicht mochte. Unser Kontakt zueinander war nicht besonders gut. Ich wurde oft von ihr kritisiert und hatte vor diesen Unterrichtsstunden regelrecht Angst. Ich erledigte meine Hausaufgaben, doch wenn ich dann in der Schule war, war in meinem Kopf alles wie weggeblasen.

Als ich schließlich meine Lehrerausbildung begann, wählte ich Englisch ab, weil ich der Meinung war, dass mir die Sprache nicht lag. Geraume Zeit später, als ich etwa 35 Jahre alt war, kam ich in die Situation, dass ich Englisch unterrichten sollte. Erstaunlicherweise war die Fortbildung überhaupt kein Problem! Heute halte ich viele Kontakte und Vorträge auf Englisch. Manchmal wünschte ich, meine alte Lehrerin oben im Himmel könnte mich sehen. Warum ich das denke? Vielleicht um endlich einmal ihre Bestätigung zu bekommen, dass ich doch nicht so unbegabt war, wie sie dachte?

Auf die Frage, wie ein guter Lehrer sein müsse, erhielt ich von einem emotional-physischen Jungen die Antwort:

»Er/sie muss eine nette Stimme haben.«

Die emotional-physischen Kinder haben eine starke Sensibilität für Tonlage und Körpersprache bei Menschen.

Die Entwicklung von emotional-physischen Kindern

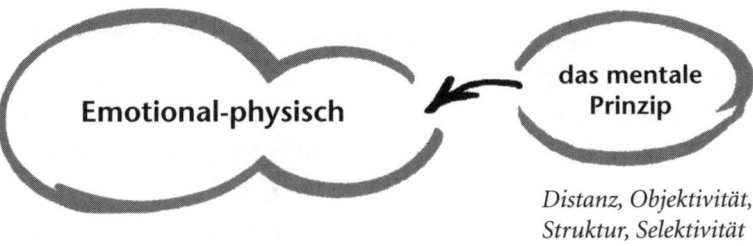

Distanz, Objektivität,
Struktur, Selektivität

Wir haben das dritte Prinzip bereits erwähnt, das es auch gibt, aber bei dem kleinen emotional-physischen Kind noch nicht gut integriert ist: das mentale Prinzip. Genau jenes, das uns die Fähigkeit zur Distanzierung und Strukturierung, zur Objektivität und Selektivität ermöglicht.

Mit verschiedenen Übungen kann man ganz gezielt versuchen, das mentale Prinzip zu integrieren. Auch mit Gesprächen kann man dem Kind helfen, nicht alles auf sich zu beziehen, sondern sich zu distanzieren und objektiv zu sein.

Üben Sie mit dem Kind zum Beispiel das Selektieren: Stellen Sie ihm verschiedene Aktivitäten zur Wahl und lassen Sie es eine oder mehrere davon auswählen. Ermutigen Sie das Kind, Nein zu sagen! Man gerät so leicht in eine Opferrolle, wenn man nur die Bedürfnisse der anderen wahrnimmt und ständig bemüht ist, deren Erwartungen zu erfüllen.

Simon hatte sich mit einem Erwachsenen gestritten und war sehr aufgebracht und traurig. Er weinte und erzählte ohne Punkt und Komma, was er gesagt und getan hatte und welche Reaktion darauf von dem Großen kam. Er gab sich selbst die Schuld an dem Streit und hatte Angst, künftig nicht mehr gemocht zu werden. Seine Mutter beruhigte ihn und sagte, dass das Problem sicher nicht bei ihm liege, sondern eher von der anderen Person verursacht worden sei. Und sie ermutigte ihn, beim nächsten Mal in so einer Situation zu versuchen, sich »nicht so angreifbar« zu machen und eine Art Mauer um sich zu bauen.

Eine emotional-physische Person, deren Persönlichkeit noch nicht ausgereift ist, wird in so einer Lage schnell zum Opfer. Das geschieht auch, wenn sie sich bedroht oder bedrängt fühlt, sie weicht zurück und spielt den Märtyrer. Im Erwachsenenalter kann man schwierige Situationen besser bewältigen, kann eher seine eigenen Bedürfnisse vertreten und Nein sagen, wenn man etwas nicht möchte. Mit der Zeit wird eine emotional-physische Person immer objektiver und distanziert sich zunehmend von den Gefühlen und Signalen, die ihr Umfeld aussendet. Sie beginnt zu selektieren und entscheidet selbstbewusst, welchen Dingen sie sich aussetzen will und wo sie sich engagiert.

Der Pfadfinder im Gelände – entdecken und experimentieren

Das emotional-mentale Kind

Stellen Sie sich vor, das emotionale Prinzip steht im Mittelpunkt der Persönlichkeit, aber es ist eng an das mentale Prinzip gekoppelt. Mit Ideen spielen, schnell zur Tat schreiten, loslegen – das ist wichtig für diejenigen, die emotional-mental zentriert sind. Wenn die Lehrerin schon alles gesagt hat, dann bleibt für mich nichts mehr zu entdecken, wo ist dann der Reiz des Lernens?

Ich habe Amanda heute nicht in die Schule geschickt, weil sie sich eine Erkältung geholt hat. Am Vormittag frage ich sie:
»Amanda, hast du Lust, heute einen Topfkuchen zu backen?« Mehr kann ich gar nicht sagen ... Schon ist sie dabei, Schüssel und Kuchenform aus dem Schrank zu holen und außerdem sämtliches Zubehör.
»Amanda, ich meine nicht jetzt sofort«, sage ich. »Wir wollen erst zu Mittag essen.« Aber sie nimmt mich gar nicht wahr und ist schon vollauf beschäftigt.

Wenn wir über eine Sache gerade noch diskutieren, will das emotional-mentale Kind schon zur Tat schreiten! Hier und jetzt, mit den Gedanken schon beim nächsten, das Kind ist ununterbrochen in Betrieb. Oft hat es Schwierigkeiten, sich zu erinnern, was gestern passiert ist – wenn es nicht etwas ganz Außergewöhnliches war, ist es für das Kind schon passé.
Wenn man montags morgens mit den Schülern im Stuhlkreis sitzt und sie fragt, was sie am Wochenende erlebt haben, kommt

von den emotional-mentalen Kindern oft die Antwort: »Hab ich vergessen«, und sie scheinen auch wenig Interesse an dem zu haben, was die anderen erzählen, wenn es nichts Spektakuläres ist.

Es ist ganz wichtig, dass wir Erwachsene uns dessen bewusst sind, dass uns das Kind nicht aus Desinteresse oder Unlust so antwortet, denn es kann sich wirklich nicht erinnern. Einzelheiten sind eher unwichtig.

Oft sind diese Kinder sehr direkt und geradeaus in ihrer Art zu kommunizieren, was mitunter als unhöflich aufgefasst werden kann. Aber das ist meist gar nicht ihre Absicht, sie wollen einfach vorwärts kommen und sagen nur das, was relevant ist. Die Gefühle und Bedürfnisse von anderen sind für das Kind nicht so deutlich sichtbar. Mitunter fühlen sich die anderen von ihm »auf die Füße getreten« und das Kind versteht überhaupt nicht, warum.

Lena aus meiner Klasse war mir gegenüber immer sehr direkt. Sie war in Mathematik sehr gut und kam nach einer Stunde, in der wir ein neues Thema besprochen hatten, zu mir nach vorn und sagte: »Berit, ich finde, dass du das nicht besonders gut gemacht hast. Du hättest es lieber so erklären sollen.« Und dann erläuterte sie mir ihren Vorschlag.

Was sie sagte, klang interessant und ich hörte ihr zu und antwortete:

»Lena, dein Vorschlag ist prima, und ich werde darüber bis zum nächsten Mal nachdenken, aber weißt du, du hättest das auch ein bisschen netter formulieren können.«

Ich schlug ihr eine andere Formulierung vor, die etwas vorsichtiger und weniger verletzend war. Weil ich weiß, dass neue Ideen und Gedankengänge ganz eng mit der Persönlichkeitsdynamik verknüpft sind, konnte ich dieses Gespräch zum Anlass nehmen, mit ihr eine etwas »sanftere« Ausdrucksweise zu üben.

Ich muss also wissen, dass diese Art der Kommunikation nicht als Kritik an mir oder meiner Person zu verstehen ist, sondern nur als Anmerkung oder Vorschlag in Hinblick auf meine Arbeitsweise. (Dies ist besonders wichtig, wenn ich selbst emotional-physisch bin und daher alles, was die anderen tun, sofort auf meine Person beziehe). Das Kind assoziiert frei und sprudelt vor Ideen, aber konzentriert sich dabei meist ganz auf die Sache und ist mitunter verärgert über seine emotional-physischen Mitschüler, die nach seinem Empfinden oft vom Thema abweichen.

Gerechtigkeit und Fair Play sind sehr wichtig. Wenn das emotional-mentale Kind mit jemandem in Konflikt geraten ist, ist es völlig sinnlos, wenn ich ihm erkläre, wie traurig oder ärgerlich ich bin. Ebenso ist es zwecklos, sentimental zu werden und an seine Gefühle zu appellieren, denn das versteht so ein Kind nur schwer.

Sprechen Sie stattdessen sachlich und klar mit ihm, erinnern Sie es, was vereinbart war und zeigen Sie ihm, dass es gegen die Regeln verstoßen hat.

Einmal geriet Lena in Streit mit einer Klassenkameradin. So fand ich einen Zugang zu ihr:
»Findest du, dass das, was du mit Eva gemacht hast, in Ordnung war? Sie ist immerhin deine Freundin. Du kennst unsere Regeln, wir haben sie gemeinsam aufgesetzt. Jetzt hast du gegen die Verhaltensregel verstoßen, wie wir uns untereinander benehmen wollen. Ich möchte jetzt, dass du einen Vorschlag machst, wie wir das wieder in Ordnung bringen können.«

Ich habe schon oft erlebt, dass man mit emotional-mentalen Kindern wie mit Erwachsenen reden kann, auch wenn sie noch viel jünger sind.

Dem emotional-mentalen Kind liegt viel daran, Einfluss nehmen zu können und Entscheidungsmöglichkeiten zu haben. Es kann passieren, dass das emotional-mentale Kind streikt, weil es eine Aufgabe zugewiesen bekommen hat, die es nicht für sinnvoll hält, oder weil es einfach mitbestimmen möchte.

Die folgende kleine Episode ereignete sich, als wir an meiner Schule einen Film über Human Dynamics für den Schwedischen Bildungssender aufzeichneten.

Eines der Mädchen, Mia, 9 Jahre alt, die in einer Sequenz über emotional-mentale Kinder zu sehen war, meinte plötzlich, als wir mit dem Drehen fertig waren, sie wolle nicht im Fernsehen zu sehen sein. Obwohl wir zuvor mit allen Kindern Gespräche geführt hatten und uns das schriftliche Einverständnis der Eltern vorlag, stellte sie sich mit einem Mal quer.

Ich sah schon einen Riesenberg Arbeit auf mich zukommen: wieder neue Kinder auswählen, die Eltern kontaktieren, neue Aufnahmen machen und zudem das Problem, den anderen Kindern, die dabei waren, die Lage zu erklären, denn sie warteten natürlich gespannt darauf, ins Fernsehen zu kommen. Da ich wusste, wie wichtig es für eine emotional-mentale Person ist, Entscheidungen beeinflussen zu können, sagte ich dem Produktionsleiter:

»Zeigt Mia die Aufnahmen, in denen sie zu sehen ist – das bedeutete etwa eine Stunde Filmmaterial – und lass sie mitbestimmen, welche Szenen wir nehmen.« Gesagt, getan, sie gingen die Aufnahmen gemeinsam durch und Mia konnte ihre Meinung dazu äußern. Als sie fertig waren, sagte Mia zu mir:

»Das fand ich gut, dass ich selbst entscheiden konnte, jetzt könnt ihr den Film zeigen.«

Nun stand es nicht in Mias Sinn, Probleme zu verursachen, aber sie beschäftigt sich mit ihren Aufgaben oft so intensiv und mit so viel Engagement, dass ihr Herz daran hängt, ein wirklich gutes Ergebnis abzuliefern. Da es ein emotional-mentaler Mensch manchmal schwer hat, die Bedürfnisse der anderen wahrzunehmen und zu verstehen, besonders wenn er noch nicht so weit entwickelt ist, nutzt er gern seine »Macht«, um seine eigenen Vorstellungen durchzusetzen. Im Laufe der Zeit werden dem Kind die Bedürfnisse der anderen Schritt für Schritt bewusster.

Mikael, einer meiner emotional-mentalen Schüler, war mit einer Gruppenarbeit über die Wikingerzeit beschäftigt.
Er sollte mit seiner Gruppe ein Modell eines Wikingerschiffes bauen. Nachdem sie eine Woche lang daran gearbeitet hatten, kam einer der Jungen auf mich zu und teilte mit:
»Berit, Micke meint, dass er mit seinem Teil fertig ist, aber wir finden das nicht.«
»Dann müsst ihr mit ihm darüber reden«, antwortete ich.
Etwas später kam der Junge wieder und sagte:
»Er ist fest davon überzeugt, dass er fertig ist.«
Nun musste also ich mit Micke sprechen. Er war bereits mit der nächsten Sache voll im Gange und erklärte mir voller Stolz, was er gerade angefangen hatte. Als ich ihn auf seine Gruppenarbeit ansprach, antwortete er:
»Ich bin aber fertig, und jetzt will ich das hier machen.«
Ich nahm ihn daraufhin mit zurück zu seiner Gruppe, wo ich ihm zeigte, was an seinem Ergebnis noch zu verbessern war, damit alle in der Gruppe zufrieden sein konnten.

Mitunter hat man es sehr eilig, zum Ziel zu kommen, wenn man emotional-mental strukturiert ist. Oft gibt man sich schon mit 80% zufrieden, um endlich aufhören zu können, schließlich muss das Ergebnis nicht perfekt sein. Deshalb ist es wichtig, das Kind zur Ausdauer anzuregen und zu fordern, dass es seine

Arbeiten auch zu Ende bringt. Das kann langweilig und auch anstrengend sein, denn immerhin gibt es so viel Neues und Spannendes, das auf einen wartet. Also müssen wir dem Kind dabei unter die Arme greifen und es immer wieder ermuntern, seine Sache fertig zu machen, auch wenn es nur noch ein kleiner Schritt ist.

Der Lernprozess bei emotional-mentalen Kindern

Wenn Lena und Micke eine Aufgabe lösen sollen, dann ist es entscheidend, ob sie das Thema von Anfang an sinnvoll oder interessant finden. Sie brauchen das »Gefühl«, etwas Neues und Spannendes daran entdecken zu können, dann arbeiten sie auch sehr konzentriert und mit großem Interesse.

Genau wie die emotional-physischen Kinder nehmen sie neue Informationen zu einem Stoffgebiet am liebsten durch Zuhören auf. Anschließend sollten sie die Möglichkeit erhalten, über das, was sie gehört haben, zu diskutieren und eigene Ideen zu entwickeln, wie man die Aufgabe angehen könnte. Es ist ihnen wichtig, sich grundlegende Informationen zu verschaffen, um einen Überblick zu gewinnen, zu viele Details sind ihnen jedoch lästig, denn sie wollen schnell ins Thema einsteigen.

Wenn sie wissen, wo sie weiter recherchieren können, können wir sie guten Gewissens allein weiterarbeiten lassen. Oft wollen sie beides: in Gruppen und auch allein arbeiten. Die Gruppe dient ihnen als Energiequelle, dort können sie mit Ideen hin- und herspielen. Danach möchten sie gern einzeln weiterarbeiten und die neu gewonnenen Kenntnisse verarbeiten, um dann für die nächsten Experimente wieder in der Gruppe zusammenzukommen. Es ist ein ständiges Wechselspiel zwischen Diskussion, neuen Erkenntnissen, Ideen und Handlungen, und genau wie die emotional-physischen Kinder haben sie einen enormen Bewegungsdrang.

Die Vorgehensweise mögen sie im Laufe der Arbeit ändern, aber das endgültige Ziel haben sie ununterbrochen im Blick. Innerhalb der Gruppe wird ohne persönliches Prestigegehabe gegeben und genommen, und die emotional-mentalen Kinder zeigen sich meist verantwortungsbewusst. Sie versuchen allen gerecht zu werden, indem sie die Probleme, die auftauchen, zu lösen suchen.

Herausforderungen, Möglichkeiten zu experimentieren und brandneue Ideen – das weckt ihr Interesse. Sie lieben das Risiko und die Spannung des Unbekannten. Weil sie ihre Ideen direkt mit ihrer Person in Verbindung bringen, ist es sehr wichtig, dass man ihnen zuhört und ihren Vorschlägen mit Respekt und Interesse begegnet.

Das emotional-mentale Kind nimmt innerhalb der Gruppe oftmals eine Führungsposition ein, doch im Zuge der Arbeit kann der Anführer auch wechseln. Meist geht es nicht um das persönliche Prestige, sondern vielmehr um die Tatsache, dass ein Problem auf die bestmögliche Weise gelöst werden muss. Es ist wichtig für das Kind, die Führungsrolle positiv auszuüben.

Weil Gerechtigkeit eine große Rolle spielt, müssen wir uns konsequent an klare Regeln halten und deutliche Grenzen setzen. Doch innerhalb dieser Grenzen muss es Spielraum geben. Auf meine Frage, wie ein guter Lehrer sein sollte, antwortete mir ein emotional-mentaler Junge: »Er sollte viel wissen und gerecht sein.«

Wenn das Kind zu Ihnen kommt, weil es Meinungsverschiedenheiten gegeben hat, die Sie klären sollen, dann tun Sie das, indem Sie Fragen stellen. Das Kind kann seine Gefühle möglicherweise nicht verstehen, geschweige denn sie angemessen verbalisieren. Manchmal kann die Aufarbeitung eines Konflikts Tage in Anspruch nehmen und die emotionale Reaktion des Kindes sich gegen etwas völlig anderes richten, zum Beispiel gegen ein Möbelstück oder eine Tür, die es im Ärger zuknallt.

Wenn dem Kind eine Aufgabe misslingt, ist es häufig sehr enttäuscht. Dann ist es wichtig, auf das Kind einzugehen und zu versuchen, die Situation zu klären. Emotional-mentale Kinder können sehr wütend werden, wenn sie etwas als ungerecht empfinden.

Amanda ist bei der Tochter der Nachbarn zum Mittagessen eingeladen, sie wollen Pfannkuchen aufwärmen. Nach kurzer Zeit kommt Amanda nach Hause, total sauer und enttäuscht. Ich frage sie:
»Amanda, was ist denn passiert?«
»Ich durfte an der Mikrowelle nur einmal auf den Knopf drücken, um einen Pfannkuchen warm zu machen, Viktoria wollte alle anderen selbst aufwärmen. Das ist ungerecht, jeder soll gleich viele aufwärmen.«
Ich versuche Amanda zu erklären, dass sie zu Gast war und dass sich in der Regel die Gastgeber ums Essen kümmern. Aber sie will mir nicht zuhören und sagt immer wieder:
»Das ist so ungerecht.«

Die Entwicklung von emotional-mentalen Kindern

Da die beiden dominanten Prinzipien die emotionale Basis und das daran gekoppelte mentale Prinzip sind, muss hier das physische Prinzip unterstützt werden, damit es in die Persönlichkeit des Kindes integriert wird.

Wie wir bereits gesehen haben, steht das physische Prinzip für Tatkraft, Zielbewusstsein, Geduld und für die Gruppe/das Wir. Genau diese Dinge muss das emotional-mentale Kind üben. Es ist wichtig, dass es lernt, etwas zu Ende zu bringen, egal wie jung es ist. Genauso muss es sich in Geduld üben, sich auch mit Details beschäftigen und lernen, Rücksicht auf die anderen Gruppenmitglieder zu nehmen.

Wenn man die nötige Reife noch nicht erlangt hat, ist es ein Leichtes, die »Macht« an sich zu reißen und nur nach den eigenen Bedürfnissen zu handeln. Das geschieht auch, wenn sich ein emotional-mentaler Mensch bedrängt oder bedroht fühlt. Mit der Zeit entwickelt er jedoch zunehmend ein Bewusstsein dafür, dass er in einem sozialen Verbund lebt, und kann die Bedürfnisse der anderen nicht nur verstehen, sondern sie auch berücksichtigen.

Eine weit entwickelte emotional-mentale Person kann wie ein Katalysator wirken, der die Gruppenmitglieder unterstützt und ihnen hilft, gute Ergebnisse zu erzielen. Und das nicht um seiner selbst willen, sondern im Sinne der Gruppe.

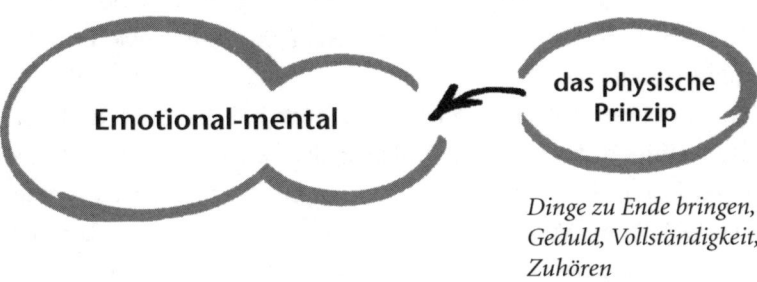

Dinge zu Ende bringen, Geduld, Vollständigkeit, Zuhören

Sehen, hören und tun – Wahrnehmung mit allen Sinnen und immer im Kontext

Das physisch-emotionale Kind

Diese Kinder nehmen ihre Umgebung vom physischen Prinzip ausgehend wahr. Und weil es eng mit dem emotionalen Prinzip verbunden ist, lassen sie sich von allem um sie herum einfangen, egal ob Menschen oder Gegenstände ihre Aufmerksamkeit auf sich ziehen. Dieser Vorgang kann enorm viel Zeit in Anspruch nehmen, weil die Kinder jede Einzelheit betrachten, wenn sie etwas Neues kennen lernen und verarbeiten sollen.

Wenn Jenny, eine meiner physisch-emotionalen Schülerinnen, mit neuen Sachverhalten konfrontiert wurde, brauchte sie wirklich jede Minute. Sonst geriet sie leicht unter Stress und blockierte dann völlig.

An einem Freitagnachmittag war die Klasse hinter der Sporthalle im Wald. Unsere Idee war, dass jedes Kind sich einen Baum aussuchte, um ihn zu adoptieren, ihn als den »seinen« zu betrachten und sich während der ganzen Schulzeit um ihn zu kümmern.

»Jetzt geht mal in den Wald und sucht euch einen Baum, den ihr als euren Baum annehmen wollt. Ich warte so lange hier bei diesem Stein. Ihr habt eine Viertelstunde Zeit, dann treffen wir uns hier wieder«, sagte ich.

Die Kinder rannten los und ich setzte mich auf den Stein und wartete, während die Sonne auf mich schien. Etwa eine Viertelstunde später waren die Kinder zurück und hatten viel zu erzählen: umgeknickte Äste, ein Vogelnest, Abfall im Wald. Jenny stand ein bißchen abseits und als die Erzählungen ein Ende nahmen, sagte sie:

»Berit, ich kann meinen Baum nicht finden.«

Klar, das wundert mich nicht, dachte ich mir, du schaust dir ja jeden einzelnen Baum an und brauchst viel mehr Zeit als die anderen, dich für einen zu entscheiden, also antwortete ich:

»Jenny, geh nach Hause und denk in Ruhe über deinen Baum nach. Du hast jetzt ein ganzes Wochenende Zeit. Am Montag kannst du dann noch einmal hierher kommen und sehen, ob du dann deinen Baum findest.«

Sie nickte und schien mit meinem Vorschlag ganz zufrieden zu sein. Am Dienstag fragte ich nach, und tatsächlich hatte sie dann ihren Baum gefunden.

Später erhielten die Kinder einmal die Aufgabe, etwas in Wort und Bild zu beschreiben, das ihnen sehr viel Spaß gemacht hatte, und da erzählte Jenny von ihrem Baum, einer Birke.

Ich hätte auch völlig anders reagieren können, hätte ich nichts von den Persönlichkeitsdynamiken gewusst. Ich hätte sagen können: »Aber Jenny, du musst dir doch nur einen Baum aussuchen, der dir gefällt.« Vielleicht hätte ich dabei auch noch ärgerlich geklungen, weil es mir leicht fällt, nächste Woche noch einmal einen anderen Baum zu finden, wenn ich feststelle, dass meine erste Wahl nicht die richtige war. Aber für Jenny war es wichtig, dass es von Anfang an der richtige Baum war. Sie will sich nicht für etwas entscheiden, das sie nicht hundertprozentig vertreten kann.

Man muss wirklich die richtige Antwort parat haben, sonst sagt das Kind gar nichts mehr. Vielleicht kennen Sie diese Kinder, die, wenn Sie schnell eine Frage stellen und auch gern eine schnelle Antwort hätten, einfach sagen: »Weiß ich nicht.«, oder die ratlos mit den Schultern zucken. Früher glaubte ich immer, sie wüssten die Antwort nicht, doch heute weiß ich es besser. Sie brauchen mehr Zeit für ihre Antwort, unter Umständen auch noch mehr Informationen, mehr Details und einen genaueren Einblick in die Thematik, um zu einer Antwort zu kommen. Heute sage ich ihnen: Nein, jetzt weißt du das noch nicht, aber denk noch eine Weile darüber nach, dann frage ich dich später noch einmal.

Das Kind ist seiner Umgebung gegenüber so aufgeschlossen, dass man es mit einer Datenbank vergleichen könnte, die alles aufnimmt, oder mit einer Kamera, die alles, was um sie herum passiert, registriert. Manchmal sind es zu viele Eindrücke und zu viele Worte. Vielleicht muss das Kind den Raum für eine Weile verlassen, eine Runde allein über den Schulhof spazieren oder die Verabredungen am Nachmittag einschränken. Es genießt die Zeit mit sich allein. Oft nimmt das Kind die anderen sehr gut an und spricht nur selten über die eigenen Wünsche und Bedürfnisse, vielleicht weil sie ihm gar nicht bewusst sind. Das Kind erlebt sich als einen Teil des Ganzen, sprich der Gruppe und hat mitunter Schwierigkeiten, seine eigene Stimme zu finden und deutlich zu sagen: »Ich finde, ich will …«

Lasse sitzt zwischen den lärmenden Kindern in der Vorschulklasse. Er ist ganz still, es hat den Anschein, als ginge das, was um ihn herum geschieht, an ihm vorbei. Seinem kleinen Gesicht ist keine Gefühlsregung anzusehen und als die Lehrerin ihm eine Frage stellt, erhält sie keine Antwort. Die Lehrer sind beunruhigt. Liegt es vielleicht an der Sprache? Versteht er eigentlich, wovon wir reden? Daraufhin wird ein Team aus Schulpsychologin, Sozialarbeiter und Vertrauenslehrer eingeschaltet, um sich mit Lasse zu befassen.

Weil die Art und Weise zu lernen und mit Informationen umzugehen bei den physisch-emotionalen Kindern völlig anders ist als bei den emotional zentrierten (die in unserem Kulturkreis so viel häufiger vorkommen, wie Seagal/Hornes langjährige Studien gezeigt haben), fällt es uns eventuell schwer zu verstehen, wie sie lernen.

Wenn wir von den gängigen Vorstellungen ausgehen, wie Kinder lernen, passen sie einfach nicht ins Bild und dann machen wir es uns einfach, indem wir sagen, dass etwas mit ihnen nicht stimmt. Könnten wir stattdessen auf die speziellen Bedürfnisse dieser Kinder eingehen und Bedingungen schaffen, die ihre physisch-emotionale Persönlichkeitsdynamik berücksichtigen, wären diese Kinder ebenso erfolgreich wie alle anderen.

In meiner Klasse hatte ich zwei physisch zentrierte Kinder, die fast über die ganze Grundschulzeit hinweg Förderunterricht erhielten. Nicht weil sie ihn brauchten, sondern weil wir Lehrer nicht in der Lage waren, ihre Wesensart und ihre Lernprozesse zu erfassen. Meine zwei Schüler gehörten zu den sechs Besten, als sie Klasse sechs verließen. Sie konnten keine Rechentests innerhalb von 60 Minuten durchstehen, gar keine Prüfungen auf Zeit. Die Zeitvorgabe frustrierte sie derart, dass sie ihre Aufgaben nicht lösen konnten. Aber wenn sie die Zeit bekamen, die sie benötigten, dann schafften sie es ohne Probleme und sogar mit guten Ergebnissen.

Weil es für sie so wichtig ist, erst einmal einen Überblick zu bekommen und die Zusammenhänge zu erfassen, lesen sie bei einem Test alle Aufgaben erst einmal durch. Das tun sie sehr gründlich, Wort für Wort. Weil sie alles gleich wichtig nehmen, haben sie Schwierigkeiten, Texte zu »überfliegen« oder wie wir es nennen: unter Zeitdruck das Wichtige zu erfassen. Wenn sie dann alle Aufgaben gelesen haben, stellen sie fest, dass die Hälfte der Zeit bereits verstrichen ist. Sie geraten unter Druck und haben Angst, nur noch die Hälfte der Aufgaben zu schaffen. Aber in dem Moment, in dem Stress aufkommt, entstehen Blockaden, und das Kind ist unter Umständen bereits mit der Lösung einer einzigen Aufgabe überfordert.

Man hat auch herausgefunden, dass viele physisch-emotionale Kinder Schwierigkeiten beim Lesenlernen haben. Ein Rektor, selbst physisch-emotional, sagte einmal zu mir, als wir darüber sprachen:

»Ich habe mich mit dem Lesen auch sehr schwer getan, vielleicht hätte ich davon profitiert, das Lesen mit der Ganzwortmethode zu lernen.«

Kerstin, eine der Lehrerinnen an meiner Schule, erzählte mir von Johnny, einem physisch-emotionalen Jungen, der im Herbst 1998 in ihre erste Klasse kam. Johnny schien keinerlei Interesse am Lesen zu haben und Kerstin beschloss, ihn einfach zu lassen und zu beobachten, was passierte.

Immer wenn die anderen Kinder an ihren Buchstaben arbeiteten, lief Johnny im Klassenzimmer umher und schaute den anderen zu, doch selbst wurde er nicht aktiv. Nur hin und wieder nahm er sich einen Pinsel und malte einen Buchstaben oder formte ihn aus Knete, aber ansonsten schien es, als würde er nichts tun. Da Kinder wie er in der Regel still und leise sind, stören sie auch niemanden.

Im November wurde Kerstin langsam nervös. Tat sie wirklich das Richtige? Vielleicht war es ein Fehler gewesen, ihn einfach zu lassen. Immerhin war das Halbjahr nun bald vorbei! Doch als die Kinder nach den Weihnachtsferien in die Schule zurückkamen, konnte Johnny lesen! Johnny zeigte seiner Lehrerin voller Stolz ein Buch, das er zu Weihnachten geschenkt bekommen hatte und las fließend daraus vor. Kerstin sagte:

»Ich habe keine Ahnung, wie das geschehen ist, aber jetzt kann er definitiv lesen.«

Für das physisch-emotionale Kind ist die perfekte Lernumgebung ein Raum, in dem sämtliches Material zugänglich ist und in dem es sich frei bewegen kann. Die Dinge einfach anschauen, sie in die Hand nehmen, nachfragen, wenn es nötig ist, sich in die Situation begeben und mit allen Sinnen erfassen, was es Neues gibt.

Auf gewisse Weise ist das Lernen ein organischer Prozess, der im Fluss sein muss. Wenn wir diesen Fluss immer wieder unterbrechen, indem wir mit neuen Aktivitäten dazwischen kommen und von allem nur fragmentarische Bilder abliefern, stören wir den gesamten Prozess.

Wenn man das Kind hingegen in seinem eigenen Rhythmus arbeiten lässt, läuft es meist auch auf ein akzeptables Tempo hinaus, sowohl aus Sicht des Kindes als auch seiner Umgebung. Wird das Kind jedoch unterbrochen, in Stresssituationen versetzt, führt dies zu Blockaden und es kann sein, dass das Kind dann zu gar nichts mehr in der Lage ist.

Anna, ein physisch-emotionales Mädchen, hatte in der Schule Schwimmunterricht. Meistens saß sie am Beckenrand und sah den anderen zu. Als schließlich die Schwimmprüfung anstand, war ihre Mutter sehr beunruhigt, weil Anna plötzlich ins Schwimmerbecken musste. Sie setzte sich extra in die Cafeteria, wo sie eine gute Sicht über das Becken hatte, aber Anna sie nicht sehen konnte.
»Und stellen Sie sich vor: Anna sprang ins Wasser, schwamm und bestand ihre Prüfung. Wie sie das gelernt hat, weiß der Himmel«, erzählte ihre Mutter.

Der Lernprozess bei physisch-emotionalen Kindern

Am Anfang des Lernprozesses bei physisch-emotionalen Kindern steht eine Phase, in der alle möglichen Informationen und Daten gesammelt werden. Das Kind möchte das, was gelernt werden soll, buchstäblich erfahren, es erleben: fühlen, schmecken, riechen, sehen und hören. Zuerst braucht es den kinästhetischen/taktilen Zugang (berühren und fühlen), danach möchte es sich mit dem Lerninhalt in der Praxis auseinandersetzen.

Das Kind hat immer das Gesamtbild im Visier und daher ist es wichtig, dass die Atmosphäre in der Klasse harmonisch ist. Ebenso braucht das Kind die Gelegenheit, ganz in Ruhe zu erforschen, was alles zum Thema gehört. Der nächste Schritt ist die Selektion: das Kind sortiert, was relevant ist und was nicht und schafft sich eine Struktur, sodass seine Aufgabe immer klarer wird.

Auch wenn man es von außen kaum sehen kann, so ist das doch ein sehr aktiver Vorgang. Die eigentliche Arbeit findet im Kopf statt, bis das Kind schließlich ein Produkt präsentieren kann. In der Regel hat das Ergebnis Hand und Fuß und ist voller Details. Das physisch-emotionale Kind will nichts halbfertig abliefern, es braucht so viel Zeit, dass es eine Aufgabe vollständig gelöst abgeben kann.

Ein Beispiel dafür ist Eva, ein physisch-emotionales Mädchen. Als sie sich mit dem Thema »Wildtiere auf der Erde« beschäftigt, geht sie folgendermaßen vor:

1) Eva sammelt Unmengen von Tierbildern, und dies nicht nur in der Schule, sondern auch zu Hause.
   Als Lehrer kann man ihr helfen, indem man mit ihr Möglichkeiten sucht, die Bilder zu sortieren und zu organisieren, in diesem Fall zum Beispiel nach dem Kriterium, von welchem Kontinent die Tiere kommen. Auf diese Art unterstützt der Lehrer sie dabei, eine Struktur zu entwickeln, nach der sie arbeiten kann.
   Während dieses Vorgangs stellt der Lehrer Fragen, zum Beispiel: Brauchst du noch mehr Zeit, um dein Material zu sichten? Kann ich dir helfen, es zu sortieren?

Je früher Eva sich bewusst wird, nach welchen Kriterien sie vorgeht, nämlich dass sie sich das System von den Einzelteilen ausgehend erschließt, desto besser.

2) Evas nächster Schritt besteht darin, auszuwählen, was sie für ihr »Tierprojekt« am wichtigsten findet, und alles zur Seite zu legen, was sie nicht braucht. Mitunter ist dies ein langwieriger und schwieriger Vorgang, hierbei benötigt Eva auch Hilfe.

3) Anschließend ist Eva in der Lage, ihr Wissen zu vertiefen. Sie arbeitet mit Bildern, schreibt kurze Porträts über die Tiere oder baut eine Landschaft aus Pappmachee, in der wilde Tiere unterwegs sind. Ihr Motto: »Beschütze die Wildtiere«.

Man muss wissen, dass physisch-emotionale Personen sehr oft ein ausgezeichnetes Gedächtnis besitzen. In jeder neuen Lernsituation sind alle vorangegangenen Daten und »Erinnerungen« gegenwärtig. Das bedeutet, dass der Betreffende Zeit braucht, bis er die neuen Informationen in sein Hintergrundwissen integrieren kann.

Ich möchte nochmals darauf hinweisen, dass die Harmonie in der Gruppe für das Kind entscheidend ist, es spürt negative Wellen sofort und gerät dann unter Stress oder leidet unter einer zu knappen Zeitvorgabe, wenn es eine Aufgabe bekommt oder eine Prüfung ablegen soll.

Man muss dem Schüler einen ruhigen Ort anbieten, an den er sich zurückziehen kann, wenn seine Umgebung zum Störfaktor wird, weil die anderen Kinder zu wortgewaltig oder mit zu vielen Emotionen auf ihn einstürmen.

Da die Natur für das Wohlbefinden des physisch-emotionalen Kindes eine wichtige Rolle spielt, sollte man ihm die Möglichkeit geben, sich dort aufzuhalten. Die Natur bringt das Kind wieder ins Gleichgewicht.

Die Entwicklung von physisch-emotionalen Kindern

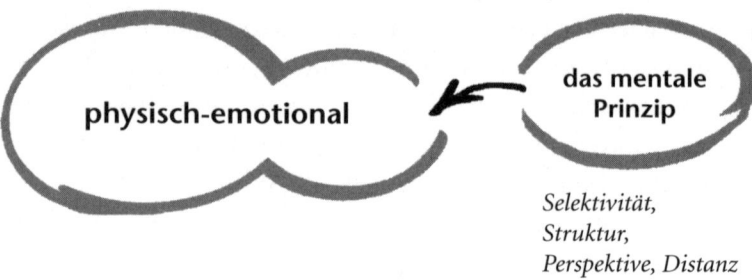

physisch-emotional

das mentale Prinzip

Selektivität, Struktur, Perspektive, Distanz

Genau wie dem emotional-physischen Kind fehlt dem physisch-emotionalen Kind als drittes das mentale Prinzip, das integriert werden soll. Denn das mentale Prinzip gibt uns die Fähigkeit zu selektieren, zu strukturieren, sich einen Überblick zu verschaffen und sich zu distanzieren.

Wenn man das physisch-emotionale Kind betrachtet, so müssen wir mit ihm üben, Informationen zu selektieren und zu sortieren. Dies ist ein Teil des Reifungsprozesses. Vielleicht ist das der Grund dafür, dass viele physisch-emotionalen Personen ihre Schulzeit in der Grund- und Mittelstufe rückblickend als so schwierig empfinden und vielleicht sogar gescheitert sind. Sie haben die Zusammenhänge nicht verstanden, nicht genügend Zeit gehabt oder einfach die Unmengen an neuen Informationen, die jeden Tag auf sie einströmten, nicht verarbeiten können.

Auf dem Gymnasium oder an der Universität hingegen waren sie viel erfolgreicher. Vielleicht lag es daran, dass sie inzwischen gelernt hatten zu selektieren und zu strukturieren, doch nun konnten sie ihr Wissen auch viel besser präsentieren. Ihre Fähigkeiten, sich für bestimmte Lerninhalte zu entscheiden, waren avancierter und sie kamen mit einem selbst gesetzten Zeitrahmen besser zurecht.

Im Herbst 1997 bearbeiteten wir in meiner Schule das Thema »Meer«. Wir hatten acht verschiedene Arbeitsgruppen und die Kinder konnten selbst entscheiden, an welcher sie teilnehmen wollten. Ich war mit noch einer anderen Lehrerin in der naturwissenschaftlichen Gruppe. Nachdem die Kollegin alles erklärt hatte, sollte jeder sich selbst für ein Gebiet und eine Arbeitsweise entscheiden.

Mattias saß an der Stirnkante eines Tisches mit noch drei anderen Kindern. Ruhig und schweigend, er wirkte völlig passiv, nahm keinen Kontakt zu den anderen auf und saß einfach da. Da ich weiß, dass er unermüdlich nachdenkt, auch wenn man ihm das von außen gar nicht ansieht, ließ ich ihn eine Weile in Ruhe.

Nach etwa zehn Minuten ging ich zu ihm und sagte:

»Na, Mattias, denkst du nach?«

Er nickte nur.

»Vielleicht brauchst du noch mehr Zeit«, sagte ich und schaute wieder nach den anderen Kindern.

Als ich nach weiteren zehn Minuten zu Mattias zurückkam, hatte ich eine Idee, wie ich ihm helfen konnte, mit den vielen Informationen umzugehen, die ihm durch den Kopf schwirrten, um die vermutlich überwältigende Aufgabe, die das Thema »Meer« bedeuten konnte, in den Griff zu bekommen.

»Mattias, möchtest du dich mit dem, was an der Wasseroberfläche, im Wasser selbst, oder auf dem Meeresboden ist, befassen?« fragte ich ihn.

»Weiß ich nicht«, bekam ich zur Antwort.

»Gut, dann überleg mal, ich komme gleich wieder zu dir«, sagte ich ihm.

Eine Viertelstunde später kam ich wieder auf Mattias zu und da sagte er:

»Ich möchte etwas über einen Fisch lernen, aber das soll ein ganz besonderer und ungewöhnlicher Fisch sein.«

»Mattias, dort drüben in der Ecke, haben wir Bücher, Bilder und

Kassetten über Tiere, die im Meer leben. Geh doch mal hin und schau, ob du etwas Interessantes findest.«

Das tat er und kam den ganzen Vormittag nicht wieder zurück zu seinem Platz. Am nächsten Tag geschah das Gleiche und am Ende der Woche konnte er eine ausgezeichnete Arbeit über den Igelfisch präsentieren. Er hatte umfangreiche Informationen zusammengetragen und sie in einem Porträt über den Fisch formuliert und zudem eine detaillierte und sehr schöne Zeichnung von ihm angefertigt. Im Stuhlkreis konnte er den anderen Kindern viel von seiner Arbeit in dieser Woche erzählen.

Meine Unterstützung bestand einfach darin, dass ich Mattias half, die Informationen, die er gefunden hatte, zu selektieren und zu strukturieren. Wir müssen beachten, dass wir keine zu umfangreichen und zu »vagen« Aufgaben formulieren, denn das physisch-emotionale Kind sammelt zuerst alle Informationen völlig ohne Filter – ein Prozess, der sehr lange dauern kann, besonders wenn es neue Informationen betrifft.

Mattias brauchte Ruhe, um auf meine Fragen antworten zu können. Ich musste ihm genügend Zeit geben, um all das zu durchdenken, was er aufgenommen hatte. Wenn seine Antwort dann kommt, ist sie wohl durchdacht, exakt und gut begründet. Und seine Entscheidung steht wirklich fest.

Wir können ihm zusätzliche Unterstützung geben, indem wir ihn aus dem Kollektiv herausnehmen, ihm mehr Raum zur Verfügung stellen und ihm unsere persönliche Aufmerksamkeit zuteil werden lassen.

Es ist so wichtig, dass wir den Kindern gegenüber keine falschen Signale aussenden. Wenn ein physisch-emotionales Kind in meinen Augen langsam, träge und verbal wenig talentiert erscheint, dann wird sich das Kind selbst auf diese Weise sehen. Es ist ein enormer Unterschied, ob ich das Kind als einen Menschen mit ganz besonderen und einzigartigen Talenten und Fähigkeiten betrachte, die zwar ganz anders sind als meine eigenen, doch deshalb nicht weniger wichtig oder wertvoll.

Standfest und immer die Frage auf den Lippen: Was gibt es zu tun?

Das physisch-mentale Kind

Ausgehend vom physischen Prinzip und eng mit dem mentalen verbunden, erleben physisch-mentale Kinder ihre Umgebung sehr konkret und realistisch. Für sie ist es wichtig, dass man einerseits Pläne macht, sie andererseits aber auch befolgt, denn mit Flexibilität tun sich physisch-mentale Kinder schwer.

Malin, ein physisch-mentales Mädchen, berichtete uns, wie sie vorgeht, wenn sie eine Aufgabe bearbeiten soll:
»Zuerst überlege ich mir, was ich alles brauche: Texte, Bilder und Sonstiges, was ich wichtig finde und dann mache ich mir einen Plan. Den arbeite ich dann Stück für Stück ab.«
»Und wenn du den Plan nicht einhalten kannst?« frage ich nach.
»Wenn du ihn abändern musst, wie gehst du dann vor?«
Ihr Gesichtsausdruck verändert sich, sie schaut traurig und sagt:
»Ja, das ist ein Problem, dann muss ich noch einmal von vorn beginnen.«

Bei fast allem, was Malin tut, um ein bestimmtes Ziel zu erreichen, braucht sie Pläne und Strukturen. Lieber nichts Unvorhergesehenes riskieren oder wie Malins Vater es nennt: »Überraschungen sind nichts für Malin.«

Einmal bat mich ein Vater um ein Gespräch über seinen physisch-mentalen Sohn Magnus. Magnus war zu dem Zeitpunkt sieben Jahre alt und besuchte die erste Klasse.

Als Magnus eines Abends im Bett liegt, sagt er zu seinem Vater:
»Morgen ziehe ich zur Schule meinen braunen Schneeanzug an.«
Am nächsten Morgen stellt sein Vater fest, dass draußen minus fünfzehn Grad herrschen, deshalb sagt er zu Magnus, als sie sich auf
den Weg machen wollen:
»Magnus, du musst deinen blauen Schneeanzug anziehen, weil er
wärmer ist, wir haben draußen fünfzehn Grad minus.«
»Nein«, antwortet Magnus. »Ich ziehe den braunen an, das habe
ich nämlich gestern schon gesagt.« Nach vielem Hin und Her endet
die Diskussion damit, dass Magnus stocksteif auf dem Boden liegt
und sich weigert, den blauen Anzug anzuziehen.
In diesem Fall musste der Vater nachgeben und Magnus durfte
schließlich den braunen Anzug nehmen. Natürlich kann man das
kritisieren und sich über das verzogene Kind und den inkonsequen-
ten Vater erregen. Beim nächsten Mal wird der Sohn es ebenso
anstellen, um seinen Willen zu bekommen. Als der Vater zu Ende
erzählt hatte, sagte ich zu ihm:
»Vielleicht hätten Sie es auf eine andere Art geschafft, dass er seine
Meinung ändert.«

Pläne und Strukturen sind für einen physisch-mentalen Menschen enorm wichtig und es kann ihm sehr schwer fallen, seine
Meinung zu ändern, besonders wenn man das dritte Prinzip
noch nicht integrieren konnte. Es wäre besser gewesen, der Vater
hätte Magnus auf die Situation vorbereitet und ihm schon beim
Wecken mitgeteilt, dass sie ein paar Dinge ändern müssen. Hätte
er Magnus schon eineinhalb Stunden früher gesagt, dass es draußen sehr kalt sei und er deswegen den blauen Schneeanzug
anziehen müsse, der wärmer sei, hätte Magnus Zeit gehabt, sich
darauf einzustellen.

Für mich als Pädagogin ist es sehr wichtig, diesen Zusam-
menhang zu kennen, deshalb habe ich immer versucht, den Kin-

dern möglichst früh mitzuteilen, wenn sich an unseren Vorhaben etwas änderte, weil dies physisch-mentalen Kindern sonst Probleme bereitet.

Dabei kann es um ganz banale Dinge gehen: Man tauscht zum Beispiel mit einer anderen Klasse die Zeit für das Mittagessen. Wenn man scheinbar grundlos vom Plan abweicht, ohne das Warum, Wann und Wie zu erklären, kann das Kind sehr frustriert reagieren und sich möglicherweise verweigern, schmollen oder sich völlig passiv verhalten, weil es nicht versteht, was gerade vor sich geht.

Das Ziel einer Aufgabenstellung ist wichtig. Wenn es nicht klar ist, hat das Kind möglicherweise schon von Anfang an Probleme. Ebenso das Wie und Warum, das Wann und für Wen. Deshalb habe ich mir angewöhnt, zu Beginn des Schultages immer das Ziel des Tages zu erläutern und den Schülern die Struktur unserer Arbeit klarzumachen. Meine physisch und mental zentrierten Kinder brauchen das. (Ich selbst als emotional zentrierter Mensch habe nicht so sehr das Bedürfnis nach klarer Struktur und Zielvorgabe, denn sie ergeben sich von selbst).

Da das Gesamtbild und die Zusammenhänge so entscheidend sind, haben wir uns angewöhnt, am Ende des Tages alle Erlebnisse zusammenzufassen. Dies geschieht zum Beispiel so, dass wir uns unsere Zielsetzung vor Augen führen und kontrollieren, ob wir weit genug gekommen sind oder ob noch Arbeit für den kommenden Tag übrig ist.

Ein weiteres sehr charakteristisches Merkmal der physisch-mentalen Persönlichkeiten ist die Beobachtung, dass sie sich offensichtlich in zwei unterschiedlichen Rhythmen bewegen: in einem sehr schnellen Rhythmus, in dem die Gedanken fließen und einem eher langsamen, in dem sich der Körper bewegt.

Auch wenn Magnus und Malin in der Lage sind, sich an den schnellen Takt in ihrer Umgebung anzupassen, muss man ihnen die Gelegenheit geben, sich von der Gruppe zu distanzieren und in ihrem eigenen Rhythmus wieder ins Gleichgewicht zu kommen.

Christian, einer meiner physisch-mentalen Schüler, sagte einmal zu mir:
»Berit, irgendwie fühle ich mich komisch, als wäre ich aus zwei Teilen. Mein Kopf denkt ganz schnell, aber mein Körper kommt irgendwie nicht mit. Der Mund kann nicht so schnell sagen, was ich denke und wenn die anderen drängeln, dass ich schnell etwas sagen soll, fange ich an zu stottern.«

Der Lernprozess bei physisch-mentalen Kindern

Beim Lernen möchte das Kind eine wirklichkeitsnahe Aufgabenstellung sowie eine klare Zielvorgabe haben. Folgende Fragen beschäftigen das Kind:
Was ist zu tun?
Was hat das Ganze für einen Sinn?
Wem nützt es?

Wenn das Ziel nicht klar und deutlich formuliert ist, kann es für das Kind schwierig sein, mit dem Lernen zu beginnen.

Ist die Zielvorgabe geklärt, ist der erste Schritt die Erstellung einer Struktur und einer Vorgehensweise, auf der Basis von bereits bekannten Informationen. Diese Phase kann länger oder kürzer dauern, je nachdem, welchen Zugang das Kind zu dem Thema bereits hat. Bei einem neuen Aufgabengebiet muss man wesentlich längere Zeit einplanen als bei bereits bekannten Themen.

Das Kind erweitert seine Vorstellung von der Welt, indem es neue Modelle entwickelt und bereits bestehende Strukturen verfeinert oder überarbeitet. Je nachdem, wie die Aufgabe lautet, können die Modelle ganz unterschiedlich sein. Doch am liebsten möchte das Kind seine Lernerfahrungen an konkreten Beispielen machen. Es möchte sehen und fühlen. Während des Arbeitsprozesses richtet es seinen Blick immer wieder auf das Ziel. Zu einem bestimmten Zeitpunkt möchte es seine Ideen und Gedankengänge mitteilen und schätzt die Qualität der Zusammenarbeit mit anderen.

Die Präsentation erfolgt am Ende oft in Form von Bildern und konkreten Produkten, beispielsweise eine Karte oder ein Modell aus Pappmachee.

Weil diese Kinder am besten lernen können, wenn sie sich in ein Gebiet ohne viele Einschränkungen vertiefen dürfen, ist Projektarbeit für sie sehr geeignet. Malins Mutter äußerte sich dazu wie folgt: »Ich bin so froh, dass Malin genügend Zeit bekommen hat, um ihre Aufgabe fertig zu machen, sie hätte wirklich jedes kleine Detail nachschlagen können, wenn sie es gebraucht hätte.« Deshalb sind Tests und Prüfungen, die kurze und knappe Antworten fordern wie zum Beispiel Lückentests, ein großes Problem für diese Kinder und zudem wenig befriedigend.

Wir können die physisch-mentalen Kinder unterstützen, indem wir für sie eine Lernsituation schaffen, in der sie Zugang zu ganz unterschiedlichen Materialien haben. Zudem benötigen sie eine ruhige Ecke, in der sie für sich sein können, wenn sie es für ihre Arbeit brauchen.

Wir müssen ihnen eine klare und nachvollziehbare Anleitung und möglichst wirklichkeitsnahe Informationen geben. Es ist von Vorteil, wenn die Aufgabenstellung schriftlich vorliegt. Das Kind sollte zudem die Möglichkeit haben, eigene Gesichtspunkte und Meinungen zu äußern. Wie auch bei den physisch-emotionalen Kindern müssen wir bedenken, dass wir ihnen genügend Zeit geben. Ansonsten entsteht bei ihnen schnell das Gefühl, nicht akzeptiert oder geliebt zu werden, und das verursacht Stressgefühle und Blockaden.

Als Fachlehrerin hatte ich einmal eine physisch-mentale Schülerin. Nach Aussage der Klassenlehrerin war sie nicht in der Lage, Englisch zu lernen. Die Lehrerin, selbst emotional-physisch und eine sehr starke Persönlichkeit, kam auf mich zu und berichtete:

»Ich verstehe das nicht, Emma schafft es nicht, Englisch zu lernen, sie kann sich an nichts erinnern, was wir im Unterricht besprochen haben und meist sitzt sie nur da und macht ein Gesicht, als begreife sie kein Wort. Und in den anderen Fächern, z. B. in Schwedisch, ist sie so gut.«

In diesem Schuljahr hatte die Lehrerin neues Arbeitsmaterial für Englisch eingeführt. Hauptsächlich bestand dies aus einem Videofilm, in dem ein kleiner Mann erschien, der in verschiedenen Situationen unterschiedliche Dinge tat. Der kleine Mann sprach auch die Kinder an und stellte ihnen Fragen. Auf diese Weise waren die einzelnen Lektionen konzipiert. Am Anfang hatte man noch keine Ahnung, wie das Ganze enden würde und immer wieder tauchten in den Lektionen Überraschungsmomente auf. Das gefiel den meisten Schülern, Emma jedoch nicht.

Als Emma zu mir kam, sagte ich ihr:

»Ich habe die Idee, dass wir es mal mit den Büchern probieren, die wir vorher benutzt haben.« Ich zeigte ihr ein Buch, blätterte mit ihr die Lektionen durch und erläuterte ihr Stück für Stück die Zielsetzung. Ich erklärte ihr ganz genau, was wir uns für jeden Tag vornehmen wollten und gab ihr einen exakten Zeitrahmen. Nach diesem Rahmen arbeiteten wir dann und Emma machte Fortschritte. Am Ende des Schuljahres war sie in Englisch genauso weit wie ihre Klassenkameraden. Es stimmte nicht, dass sie Englisch nicht lernen konnte, es war schlichtweg die falsche Methode gewesen, denn sie entsprach nicht ihrer Art zu lernen.

Die Entwicklung von physisch-mentalen Kindern

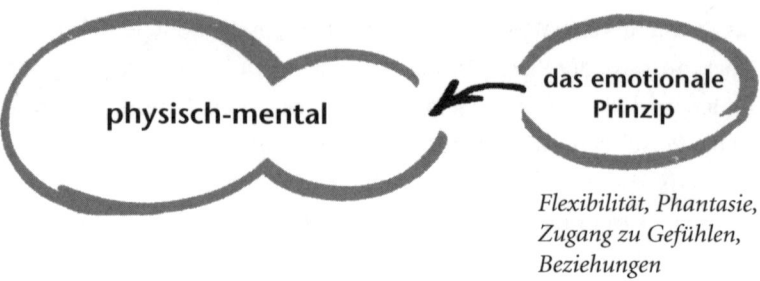

Flexibilität, Phantasie,
Zugang zu Gefühlen,
Beziehungen

Das emotionale Prinzip ist der Schlüssel zu einer größeren Reife und wenn es integriert wird, kann es mit den anderen beiden zusammenarbeiten. Das emotionale Prinzip steht für unsere Fähigkeiten, flexibel und kreativ zu sein, für unsere kommunikativen Fähigkeiten und unser Bewusstsein für Gefühle.

Ganz am Anfang des Reifeprozesses ist das kleine physisch-mentale Kind in sich selbst und in die Gruppe, in der es sich befindet, also Familie oder Vorschule, eingebunden. Dort werden die physisch-mentalen Kinder oft als still und passiv empfunden und sie scheinen nicht mit ihrer »eigenen Stimme« zu sprechen. Manchmal wirken sie auch stur und unflexibel.

Wird das emotionale Prinzip mehr und mehr integriert, kann das Kind aus der Gruppe hervortreten und »mit eigener Stimme« sagen: »Ich will, ich finde« – und es sieht mit einem Mal seinen eigenen Wert. Weil das Kind seine Gefühle nicht so deutlich zum Ausdruck bringt, besonders dann nicht, wenn es um etwas Schwieriges oder Belastendes geht, ist es wichtig, dass das Kind genügend Zeit bekommt, Kontakt zu seinen Gefühlen aufzunehmen und sie zu äußern.

Eine gute Übungsmethode besteht darin, dass man das Kind anregt, bekannte Muster zu durchbrechen und Risiken einzugehen, ohne ihm viele Informationen zu geben. Das sollte man in einer aufmunternden und positiven Art tun. Mit der Zeit unterscheidet das Kind sein eigenes subjektives Denken und Fühlen von dem der anderen. Hier äußert sich das emotionale Prinzip zumeist in Fürsorge und Hilfsbereitschaft. Das Kind kann auch üben, Worte für seine Gefühle zu finden und auf andere einzugehen.

Annikas Mutter berichtete, dass sie mehrere Male zum Gespräch in die Schule gebeten wurde, als Annika die Grundschule besuchte. Ihre Lehrerin hatte den Eindruck, dass Annika ein schlechtes Sozialverhalten an den Tag legte und sich sowohl Lehrern als auch Mitschülern gegenüber sehr distanziert verhielt. Da die Lehrerin die Meinung vertrat, ein gutes soziales Verhalten gehöre zu den Kernkompetenzen, die die Schule vermittle, machte sie sich über Annika große Sorgen.

Ein Schulpsychologe wurde zum Gespräch hinzugezogen, doch er konnte keinen »Fehler« finden. Sicherlich sei das Mädchen in seinem Sozialverhalten noch nicht voll entwickelt, hieß es, doch das könne noch kommen, beruhigte man Annikas Mutter.

Während der Grundschulzeit fühlte sich Annika in der Schule nicht besonders wohl. Als sie in die vierte Klasse kam, wechselte die Klassenlehrerin. Ihre neue Lehrerin entsprach Annikas Art zu lernen wesentlich besser: sie war strukturiert, klar, objektiv und wich selten von den festgelegten Vorgehensweisen ab. Damit war Annika sehr zufrieden.

Annika blühte regelrecht auf und ging jeden Tag voller Freude in die Schule. Als am Ende des Halbjahres ein Elterngespräch anstand, äußerte sich die neue Lehrerin:

»Ich wünschte, alle meine Schüler wären wie Annika, ordentlich, klar und deutlich, konzentriert und leistungsbereit.«

Als ich diese Geschichte hörte, konnte ich mir insgeheim die Frage nicht verkneifen: Welche Persönlichkeitsdynamiken brachten wohl die beiden Lehrerinnen selbst mit? Ich habe eine Vermutung, aber ich behalte sie für mich.

Von oben auf die Welt hinuntersehen – und im Kleinen das Große erkennen

Das mental-physische Kind

Das mental-physische Kind begegnet der Welt vom mentalen Prinzip aus; die Schlüsselworte heißen Überblick und Distanz. Die enge Verbindung zum physischen Prinzip verankert dies in seinem Denken.

Gustav steht kurz vor seinem fünften Geburtstag, dem Tag hat er lange entgegengefiebert. Er hat bei den Vorbereitungen voller Begeisterung mitgeholfen und weiß genau, was geplant ist. Alle zwölf Gäste bekommen Ballons, Torte und Würstchen und sie wollen kleine Geschenke angeln.

Nun ist also sein großer Tag gekommen, seine Gäste trudeln einer nach dem anderen ein und bringen kleine Geschenke mit. Gustav sitzt mit seinem Papa auf einem Stuhl am Eingang und nimmt gelassen und würdevoll seine Präsente entgegen. Er packt sie der Reihe nach aus und legt sie auf einen Tisch. Man sieht ihm nicht an, was er denkt, aber er macht einen zufriedenen Eindruck.

Als alle Kinder Platz genommen haben, Kuchen essen und Saft trinken, betrachtet Gustav von der Stirnseite aus das Geschehen. Das Fest verläuft planmäßig und Gustav erzählt hinterher, dass es ihm Spaß gemacht habe, auch wenn er es nicht deutlich zeigt.

Gustav ist ein Beobachter, er schaut alles genau an, bevor er zur Tat schreitet. Niemals würde er sich impulsiv in eine Aufgabe stürzen. Erst muss er sich sicher sein, dass er ihr gewachsen ist.

Als ich einmal mit Gustav und meinen anderen Enkelkindern im Urlaub war, stand Gustav am ersten Tag stundenlang am Strand und sah den anderen Kindern beim Baden zu. Er ging erst ins Wasser, als er sich einen genauen Überblick über die Situation verschafft hatte. Aber dann war er wohl derjenige, der in dieser Woche am häufigsten baden ging.

Weil das mental-physische Kind von seinem mentalen Prinzip ausgeht, ist seine Begegnung mit der Welt objektiv, strukturiert und distanziert. Keine großen Gefühlsausbrüche, keine spontanen Kontakte zu anderen.

Als Gustav dreieinhalb war, fuhr seine Mutter einmal mit ihm zu McDonalds. Nach dem Essen wollte er gern ins Bällebad gehen und machte sich auf. Nach einer Weile schaute seine Mutter nach, wo er war. Sie sah Gustav an der Seite des Bällebades stehen und zuschauen – er beobachtete die anderen Kinder beim Springen und Tollen. Daraufhin fragte ihn seine Mutter:
»Willst du nicht auch einmal hineinspringen?«
»Nein, ich warte ab, bis die anderen Kinder nach Hause müssen«, antwortete Gustav.
»Aber das wird nichts, es kommen doch laufend neue Kinder«, wand seine Mutter ein.
»Ich warte einfach«, sagte Gustav.
»Da können wir warten, bis McDonalds schließt«, entgegnete seine Mutter.
Doch dann entdeckte sie ein Eckchen, in dem gerade keine Kinder hüpften und dort konnte Gustav ganz in Ruhe spielen.

Das mental-physische Kind bevorzugt es, allein zu arbeiten oder in einer eher kleinen Gruppe. Ist die Gruppe zu groß, zieht es sich zurück, indem es schweigt oder weggeht oder andere Dinge

72

tut. Mitunter platziert sich das Kind auch in einer Randposition und antwortet auf die Frage, warum es zum Beispiel beim Fußball nicht mitspiele: »Aber ich spiele doch mit.« Das Kind empfindet es selbst so, denn es möchte sowohl die Menschen als auch die Dinge um sich herum ein bisschen auf Distanz halten. Gustavs Großvater sagte schon, als Gustav erst fünf Monate alt war, dass sich das Kind am wohlsten fühle, wenn es die anderen auf einer Armlänge Abstand halten könne.

Von Marie, meinem mental-physischen Mädchen, dem einzigen mit dieser Persönlichkeitsdynamik in ihrer Klasse, lernte ich sehr viel über die Wahrnehmung einer mental-physischen Person.

Als ich Marie kennenlernte, konnte ich nicht begreifen, warum ich zu ihr nicht dieselbe emotionale Beziehung aufbauen konnte, wie zu den anderen Schülern. Ich fragte mich immer wieder, ob ich etwas falsch machte und bemühte mich noch mehr, verbindlicher zu sein. Da musste ich feststellen, dass Marie sich weiter zurückzog, je näher ich ihr kam. Als ich mit der Zeit begriff, dass Marie mental zentriert war, wurde mir vieles klar. Was ich als Distanzierung interpretiert hatte, als Ausdruck dessen, dass sie mich nicht mochte, war einfach ihre Art, den Menschen und ihrer Umwelt zu begegnen, und die war eben anders als meine eigene.

Beim nächsten Gespräch waren wir distanzierter und eher objektiv. Dabei ging es vorrangig um Aufgabenstellungen, zum Beispiel die Literatur, mit der sie arbeitete. Oder wir tauschten unsere Meinungen über Themen aus und sprachen über die nächsten Projekte.

Marie war begeistert vom Lesen und Schreiben. Für sie war es wichtig, viel Zeit zu haben, denn sie wollte perfekt sein und nur wirklich gute Ergebnisse abliefern. Mitunter musste ich sie bremsen: »Marie, es ist gut, das ist schon hervorragend.«

Man muss diesen Kindern die Möglichkeit geben, ihre Resultate so lange zu bearbeiten und zu verändern, bis sie wirklich völlig zufrieden damit sind. Mitunter braucht das Kind eine Menge Zeit dafür.

Marie sprach selten über sich selbst. Sie fragte auch keinen anderen nach persönlichen Dingen, weder mich noch die Klassenkameraden. Meist stand sie still da und war in ihrer Clique ein guter Zuhörer. Sie stellte ein paar Fragen, wenn sie etwas nicht verstand oder wenn das Gespräch ins Leere lief. Und wenn wir sie fragten, dann bekamen wir genaue und klare Antworten von ihr.

Mitunter kam es vor, dass sie bei einer Aufgabe stecken blieb und nicht weiter kam. Es hatte den Anschein, als sei sie so sehr auf einen Lösungsweg fixiert, dass sie festgefahren war. In dem Fall konnte ich ihr unter die Arme greifen und Alternativen anbieten. Weil sie alles immer ganz durchdachte, bevor sie sich eine Meinung bildete, fiel es ihr manchmal schwer, spontan einen anderen Weg zu sehen bzw. ihre Meinung zu ändern.

An einem Tag hatten wir einen Besuch im Museum geplant, doch aus irgendeinem Grund mussten wir ihn verschieben. Das stellte sich erst am selben Tag heraus. Marie war ganz außer sich und schimpfte, dass man die Pläne doch nicht einfach ändern könne.

Wenn wir uns miteinander unterhalten, möchte ein mental-physisches Kind am liebsten sehr objektiv dabei sein, es sollte sich am besten um Fakten drehen. Es möchte erfahren, wie Dinge zusammenhängen und wie sie funktionieren. Wenn wir mit ihm kommunizieren, sollten wir darauf achten, möglichst klar und deutlich zu sein. Jedes Wort wird auf die Goldwaage gelegt. Wenn das Kind ein Wort nicht begreift, hakt es nach. Wie oft hat Gustav mich zurechtgewiesen, wenn ich ein falsches Wort oder einen falschen Ausdruck benutzt habe!

Der Lernprozess bei mental-physischen Kindern

Der Lernprozess beginnt visuell. Das Kind will das, was gelernt werden soll, sehen oder beim Lesen verstehen. Mündliche Erläuterungen schätzt es nur, wenn sie helfen, ihm einen Überblick zu verschaffen, ansonsten kann man damit warten. Marie und Gustav brauchen nämlich zuallererst einen Gesamteindruck. Das ist ihr Ausgangspunkt und absolut notwendig, damit sie daran weiterarbeiten können und sich für ihre Aufgabe begeistern. Bis das Kind sich einen Überblick verschafft hat, empfindet es die Situation oft als chaotisch und ist frustriert. Wenn die Umgebung dann noch auf das Kind »einredet«, fühlt es sich schnell gestört und sehnt sich danach, sich ganz in Ruhe mit der Sache zu beschäftigen.

Wenn es einen Überblick über das Thema gewonnen hat, geht es schnell dazu über, das Thema zu strukturieren und sich einen Rahmen für die vor ihm liegende Arbeit zu schaffen. Ausgehend von der Struktur und den darin impliziten Wertungen arbeitet es an den Informationen: Sie werden sortiert, bewertet und ausgewählt. Wenn im Verlauf dieser Arbeit der Eindruck entsteht, dass bestimmte Aspekte doch nicht richtig passen, braucht das Kind mitunter Hilfe dabei, noch mal an den Anfang zurückzukehren und Übersicht und Struktur entsprechend anzupassen. Auf diese Art unterstützen wir das Kind, spontane Impulse besser wahrzunehmen, die sonst vielleicht einfach unter den Tisch fielen.

Übersichten, Schaubilder, alles, was zu einem visuellen Überblick beiträgt, ist dem mental-physischen Kind eine Hilfe.

Wenn es sich diesen Überblick verschafft hat, kann das Kind sich in die Details vertiefen, allerdings nie, ohne das Ganze im Auge zu behalten. Dieses Bedürfnis erschwert es ihm manchmal, etwas in Wort und Bild mit vielen Details »auszumalen«. Daher wirkt das, was das Kind produziert, manchmal ein bisschen dürftig oder nüchtern. Oft bearbeitet es sein Produkt immer wieder, besonders wenn es ein Text ist. Da mental-physische Kinder meist sehr genau sind, muss man ihnen manchmal eine Hilfestellung geben, einen Punkt zu machen. Sonst sind sie mit ihrer Arbeit nie fertig.

Um das Kind zu ermuntern, Kontakt zu den anderen aufzunehmen, können wir ihm vorschlagen, einem Klassenkameraden seine Arbeiten vorzustellen.

Die Entwicklung von mental-physischen Kindern

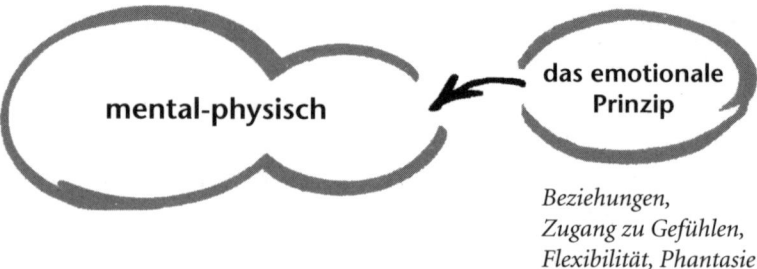

Beziehungen, Zugang zu Gefühlen, Flexibilität, Phantasie

Um die mental-physischen Kinder in ihrem Reifeprozess zu unterstützen, ist es wichtig zu wissen, dass bei ihnen das emotionale Prinzip integriert werden muss – es ist auch das erste, das blockiert wird, wenn das Kind in eine Krisensituation gerät. Es ist jenes Prinzip, das unter anderem für Beziehungen, Gefühle, Kommunikation, Flexibilität und Kreativität steht.

Ein unreifes mental-physisches Kind kommt nicht aus sich heraus. Es nimmt keinen Kontakt auf und mitunter können sogar die eigenen Eltern das Gefühl haben, keine Verbindung zu ihrem Kind herstellen zu können. Da das Kind körperliche Kontakte ablehnt, kann es bereits in der Stillzeit zu Schwierigkeiten kommen. Die Mutter eines mental-physischen Jungen erzählte mir, dass ihr Sohn jedes Mal anfing zu schreien, wenn sie ihn in den Arm nehmen und stillen wollte. Das brachte Eltern und Kind in eine enorme Stresssituation, denn der Sohn nahm immer weiter ab. Erst als die Mutter auf die Idee kam, den Kleinen im Bett liegend zu stillen, wo er ein wenig körperlichen Abstand hatte, funktionierte es und er begann zu trinken.

Als Gustav in den Kindergarten kam, gewöhnte er sich an, jeden Morgen zuerst eine Runde durch alle Räume zu drehen, um sich einen Überblick zu verschaffen. Dann holte er sich ein paar Spielsachen und setzte sich in eine ruhige Ecke des Raumes, wo er ungestört spielen konnte.

Die anderen Kinder waren um ihn herum, aber nicht in sein Spiel eingebunden und er selbst ergriff keine Initiative, mit ihnen in Kontakt zu treten. Die Erzieherinnen waren aber überzeugt, dass er sich durchaus bewusst war, dass die anderen Kinder ganz in seiner Nähe waren. Er schätzte ihre Anwesenheit, brauchte aber gleichzeitig den Abstand.

Nach und nach baute Gustav Kontakt zu einem Kind auf und später auch zu mehreren, das emotionale Prinzip wurde langsam integriert. Seine erste beste Freundin war Anna und das blieb sie über die nächsten Jahre. Heute hat er ein paar Freunde, mit denen er sich trifft, aber es ist nie eine größere Clique, ein oder zwei Menschen reichen ihm völlig aus. Wenn es mehr werden, distanziert er sich.

Das mental-physische Kind tut sich schwer, in Phantasien zu schwelgen, denn es will immer den Bezug zur Wirklichkeit behalten. Wenn es zum Beispiel »Restaurantbesuch« spielen will, soll es sich wie im echten Leben abspielen. So nimmt das Spiel eine ganz konkrete Form an. Wenn allerdings ein anderes Kind mit phantasievollen Vorschlägen kommt, macht das mental-physische Kind durchaus mit, auch wenn es selbst nie darauf käme.

Wenn wir dem Kind gezielt Hilfestellungen geben, seine Gefühle auszudrücken und seine Phantasie zu entwickeln, regen wir die Entwicklung des emotionalen Prinzips in ihm an. Das geschieht auch, wenn wir das Kind zum Malen oder zum Theater spielen, zum Beispiel mit Handpuppen, anregen.

Wenn wir auf positive Art und Weise die Persönlichkeit des Kindes unterstützen und die Integration des emotionalen Prinzips fördern, kann ein mental-physisches Kind sehr viel Empathie und Mitgefühl für die Gefühlswelt und das Erleben der anderen entwickeln.

Wenn wir uns dessen aber nicht bewusst sind und schon früh versuchen, das Kind zum Handeln anzutreiben, es in die vorgesehenen Werte und Normen, die unsere Gesellschaft verlangt, zu zwängen, ohne dabei die ureigene Veranlagung des Kindes zu berücksichtigen, behindern wir seine Entwicklung möglicherweise nachhaltig.

Ein mental-physischer Mann erzählte mir einmal, dass er früher keinen Sinn darin sehen konnte, warum die Leute während ihrer Pause im Aufenthaltsraum saßen, Kaffee tranken und sich unterhielten. Er holte sich seine Kaffeetasse und zog sich in sein Büro zurück, weil er gar nicht das Bedürfnis nach Umgang mit anderen hatte. Heute kommentiert er das so:

»Mittlerweile finde ich es ganz interessant, an den Gesprächen teilzunehmen und die Meinungen der anderen anzuhören.«

Das Lernen als Wissenschaft und Human Dynamics

Bis in die achtziger Jahre hinein ging man beim Unterrichten davon aus, dass alle Kinder auf die gleiche Art und Weise lernen. Im Frontalunterricht vermittelte der Lehrer das Wissen. Die angehenden Lehrer wurden in ihrer Ausbildung darauf vorbereitet, wie man eine Stunde konzipiert und wie man Wissen an die Schüler weitergibt. Die Schüler wurden als Objekt betrachtet, als quasi leeres Gefäß, das es zu füllen galt. Als jemand auf die Idee kam, dass Kinder unterschiedlich sind und auch auf unterschiedliche Art und Weise lernen, sorgte diese These für Aufruhr im Lehrerzimmer. Schließlich war es doch ungerecht, die Kinder unterschiedlich zu behandeln, daher durften sie auch nicht auf unterschiedliche Weise lernen.

Dann geschah etwas in Schweden: der neue Lehrplan LPO 94 kam auf den Tisch. Darin stand, man solle auf die unterschiedlichen Bedürfnisse der Kinder eingehen, Kinder nähmen den Lernstoff auf verschiedene Weise auf, die man in Zukunft berücksichtigen solle, indem man den Unterricht individueller gestalte. So kam es, dass man anfing darüber nachzudenken, wie wir lernen und nicht was wir lernen. Das Zauberwort hieß Individualkonzept. Damit war ein Plan gemeint, der gemeinsam mit Eltern und Schülern für die Entwicklung jedes einzelnen Kindes formuliert werden sollte.

Im Jahr 1994 erschien Jeannette Vos' und Gordon Drydens Buch *The Learning Revolution* auf Schwedisch und verbreitete verschiedene Ansichten von Wissenschaftlern über das Lernen. Da war vom lebenslangen Lernen die Rede, vom Lernen über die Schulzeit hinaus, das ganze Leben lang. Dies bedeutete viel mehr als Lernen aus Büchern. Jetzt hieß es, Schüler lernten auch von allein, und die Herausforderung für uns Pädagogen lautete, ihnen einen »ansprechenden Tisch zu decken«, sodass sich jeder motiviert fühle zu lernen. Die Pädagogen schlüpften in eine Mentorenrolle und erfüllten damit die eigentliche Bedeutung ihrer Berufsbezeichnung – Pädagoge kommt aus dem Griechischen und bedeutet »Kinder begleiten«.

Howard Gardner

Der Psychologe Howard Gardner von der Harvard-Universität definiert in seinen wissenschaftlichen Untersuchungen sieben verschiedene Intelligenzen, von denen er mindestens zwei jeder Person zuschreibt. Im traditionellen Unterricht werden zwei davon sehr stark bewertet. In den so genannten Intelligenztests, wie sie früher üblich waren, wurden hauptsächlich diese beiden Bereiche abgefragt, nämlich die sprachliche und die logisch-mathematische Intelligenz.

Zu Beginn der neunziger Jahre hörte ich Howard Gardner in einer Vorlesung an der Universität in Uppsala. Er stellte seine neuesten Forschungsergebnisse vor. Damals hatte er nicht sehr viele Zuhörer – heute sieht das anders aus. Seine Theorien werden auf der ganzen Welt zur Kenntnis genommen und in vielen Klassenzimmern angewandt. David Lazear schrieb einiges über seine Arbeit mit Kindern im Sinne Gardners. Sein erstes Buch *Seven Ways of Knowing* handelt davon, wie man die Theorie von den sieben Intelligenzen in bereits bestehende Lehrpläne integrieren kann. In seinem zweiten Buch *Eight Ways of Teaching* beschreibt er den Unterricht. In seinem dritten Buch *Seven Ways of Learning* geht er auf intelligente Verhaltensmuster ein.

Diese drei Bücher möchte ich Ihnen sehr ans Herz legen,

gerade das letzte eröffnet ein tieferes Verständnis für das, was man die eigene Identität nennt, eine Fähigkeit, die wir uns bewusst machen können und die sehr hilfreich ist in Bezug auf unser Lernen, und zwar sowohl strategisch gesehen als auch zur Reflexion. David Lazear sagt: »Wir können unseren Schülern helfen, ihre Intelligenz und ihre intellektuellen Möglichkeiten ein Leben lang weiter zu entwickeln.«[3]

Aber was meint Howard Gardner mit den »grundlegenden Voraussetzungen für Intelligenz«, von denen in seinem Buch *Abschied vom IQ* die Rede ist?

Er schreibt:

> *»Nach meiner Ansicht muss eine intellektuelle Kompetenz ein Sortiment von Fähigkeiten beinhalten, die ihrem Inhaber ermöglichen, echte Probleme oder Schwierigkeiten zu lösen und, wenn nötig, brauchbare Methoden oder Vorrichtungen zu erfinden – und die Fähigkeit, Probleme zu entdecken oder zu schaffen, um die Basis für neues Wissen zu legen. Diese Grundbedingungen ergaben sich bei meinem Versuch, die in einem gegebenen kulturellen Kontext wesentlichen intellektuellen Kräfte zu bestimmen.«[4]*

Er fügt hinzu, dass die Voraussetzung für die Mehrfachintelligenztheorie ein breites Spektrum an Talenten ist, das die menschliche Kultur hoch schätzt.

Howard Gardner spricht von sieben Intelligenzen, wendet aber gleichzeitig ein, es gebe mit großer Wahrscheinlichkeit mehr als sieben. Lassen Sie uns einen Blick auf diese sieben Intelligenzen werfen und Gemeinsamkeiten mit den Human Dynamics aufspüren.

Sprachlich-linguistische Intelligenz

In der Welt der Schule spielt die Sprache eine herausragende Rolle. Das Ausdrucksvermögen der Kinder zu entwickeln, ist eine der wichtigsten Aufgaben der Schule.

Unsere sprachlich-linguistische Intelligenz benötigen wir, wenn wir uns mit anderen unterhalten und wenn wir schreiben, ob es dabei nun um die Darstellung von Sachverhalten geht oder um freie Aufsätze.

Sprache kann man zum einen als ein Werkzeug sehen, das man im Alltag benutzt, zum anderen als künstlerisches Ausdrucksmittel.

Zwei Aspekte unserer Fähigkeiten im Bereich der Sprache sind die Beherrschung der Syntax, das heißt des grammatikalischen Aufbaus eines Satzes und seiner Konstruktion sowie ihrer pragmatischen Funktionen. Werfen wir wieder einen Blick auf Human Dynamics, so meine ich, es ist offensichtlich, dass diese beiden Aspekte dem physischen Prinzip zuzuordnen sind.

Im physischen Prinzip sind unsere Fähigkeiten, Projekte in die Realität umzusetzen, ein Gesamtbild zu erzeugen, in Systemen zu denken, detaillierte Pläne aufzustellen und das Bewusstsein für das Vorhandensein von Mustern und Strukturen verankert. Für einen physisch zentrierten Menschen ist die Umsetzung in die Praxis sehr wichtig. Er wendet Sprache pragmatisch an, für das, was er sagt oder schreibt, trägt er die relevanten Fakten sorgsam zusammen.

Doch Sprache hat zudem einen semantischen Aspekt, der den Inhalt der Worte und ihre Bedeutungsspielräume bezeichnet. Wenn Gardner von der Semantik spricht, von der Suche nach dem Inhalt eines Wortes und der strikten Logik darin, wenn er davon spricht, dass die Sprache visuelle Bilder vermittelt, dann assoziiere ich damit eher das mentale Prinzip.

Das mentale Prinzip steht für Distanz, Struktur, Überblick, Objektivität, Exaktheit und Selektivität. Mental zentrierte Menschen sind immer auf der Suche nach Klarheit, sie wollen die Dinge genau verstehen. Daher ist es in der Kommunikation mit ihnen wichtig, dass man sich präzise ausdrückt und die Worte klar definiert sind.

Sprache hat auch einen phonologischen Aspekt, nämlich die Laute und den musikalischen Klang. Die Phonologie ist eng mit dem Gehör verbunden, hier besteht eine Sensibilität für die Qualität der Worte. Einer der Poeten, die Gardner zitiert, schrieb, er liebe es, sich mit Worten zu beschäftigen und danach zu lauschen, was sie ihm sagten. Dieser Schriftsteller war W. H. Auden.[5] Herbert Read, ein anderer Lyriker, stellte die Behauptung auf, dass poetische Worte reflexartige Assoziationen seien, die eng mit dem Hören verknüpft sind. Und da sind wir wieder beim emotionalen Prinzip. Eine emotional zentrierte Person möchte neue Sachverhalte gern durch Zuhören aufnehmen. Sie kann Informationen oder Anweisungen besser aufnehmen, wenn sie mündlich erfolgen.

Das emotionale Prinzip steht für unsere Gefühlswelt, Beziehungen, Kommunikation, Flexibilität und steht unserer Kreativität sehr nahe. Für eine emotional zentrierte Person ist die gesprochene Sprache die Voraussetzung dafür, die Gedanken in Bewegung zu setzen. Der musikalische Klang und die Art und Weise, wie man die Worte einsetzt, sind außerordentlich wichtig, wesentlich wichtiger als der genaue Wortlaut selbst. Das gesprochene Wort kann auch als Werkzeug dienen, seine eigenen Gedanken weiter zu spinnen, indem man sie sich selbst verdeutlicht.

Die in Schweden verbreitete Methode LTG[6], die in den siebziger Jahren zum Lesenlernen entwickelt wurde und vom gesprochenen Wort ausging, eignete sich daher vorrangig für emotional zentrierte Kinder.

Diese Methode stammte von der Lehrerin Ulrika Leimar. Dahinter stand die Idee, dass das Kind selbst bestimmen solle, wie es mit dem Lesenlernen beginnt, ausgehend von seinen individuellen Erfahrungen und Wünschen. Anstelle der üblichen ersten Lernfibelworte konnte man genauso gut mit dem Wort »Astronaut« beginnen. Gemeinsam mit dem Lehrer setzten die Kinder Buchstaben, Worte und Texte zusammen und bearbeiteten sie entweder in der Gruppe oder einzeln. Dies geschah auf der Grundlage der verbalen Kommunikation. Zu Beginn dieses Lernprozesses war es kaum möglich zu sagen, wie weit man schließlich kommen würde. Das war für mental und physisch zentrierte Kinder sicherlich ein Problem, entsprach aber den emotional zentrierten Kindern sehr.

Eine Methode, mit der wir heute gern in der Schule arbeiten, ist der Übungsaufsatz. Das Schreiben wird als Prozess gesehen, bei dem die Kinder einander zuhören, die Resultate kommentieren und verbessern, damit am Ende ein möglichst aussagekräftiger und guter Text entsteht. Meiner Meinung nach ist diese Methode auch am besten für die emotional zentrierten Kinder geeignet.

Musikalisch-rhythmische Intelligenz

Wenn wir singen, trällern, spielen oder uns rhythmisch bewegen, kommt unsere musikalische Intelligenz zum Tragen. Viele von uns hören gern Musik, während die anderen ihre musikalische Intelligenz durch eigenes Musizieren zum Ausdruck bringen. Musik eignet sich hervorragend, um Gefühle zu wecken oder auszudrücken. Und sie baut Brücken zwischen Menschen aus unterschiedlichen Kulturen, ohne dass Worte nötig sind.

Die musikalische Intelligenz erinnert stark an die sprachliche, doch viele Wissenschaftler sind davon überzeugt, dass unsere

Fähigkeiten im Bereich der Musik auf ganz andere Weise gesteuert werden. Ich möchte mich an dieser Stelle nicht in die musikalische Intelligenz an sich und ihre Entwicklung vertiefen, sondern lieber den Blick auf uns Zuhörer lenken, die die Musik aufnehmen, weil von Musik eine so starke Anziehungskraft ausgeht.

Im Fortbildungsprogramm für Human Dynamics gibt es viele Übungen, die zur Aktivierung des dritten Prinzips gedacht sind. Die Musik spielt dabei eine herausragende Rolle.

So hat man entdeckt, dass ein Komponist wie Paganini die Bildung von Strukturen, Perspektiven und Distanzierung unterstützt, also zur Entwicklung des mentalen Prinzips hervorragend geeignet ist. Der numerische Aufbau und die Regelmäßigkeit, von denen Gardner spricht, sind bei Paganini deutlich zu erkennen. Im schwedischen Musiklexikon *Musikens Värld*[7] wird Paganini als Meister der Technik hervorgehoben, dessen Genauigkeit und Deutlichkeit die Entwicklung der Violintechnik maßgeblich beeinflusst hat.

Das emotionale Prinzip wird besonders von Musik im Dreivierteltakt unterstützt. Ein Komponist, der dem Rechnung trägt, ist Chopin. Über ihn ist in dem o. g. Lexikon zu lesen:

»*Der Poet am Klavier – in Chopins Musik kommen Stimmungen und Gefühle in besonderer Weise zum Ausdruck. Mal ist sie rastlos, dann wieder leise suchend, mal unbeschwert und dann wieder voller Melancholie.*«[8]

Wenn wir das physische Prinzip fördern wollen, bietet sich Musik im Zweivierteltakt an, beispielsweise Shantis und Arbeitslieder. Komponisten wie Bach oder Mozart, die beide nach sehr regelmäßigen Mustern komponierten, sind auch empfehlenswert.

In ihrem Buch *Human Dynamics* beschreibt Sandra Seagal, wie sie in den Stimmen von Menschen unterschiedliche musikalische Qualitäten herausgehört hat. Das waren verschiedene Muster, die aus Lauten in unterschiedlichen Frequenzen, Rhythmen und Klängen bestanden. Diese Laute konnte sie später auch den drei verschiedenen Prinzipien zuordnen. Das mentale Prinzip entsprach den hohen Frequenzen und schnellen Rhythmen, das emotionale den etwas niedrigeren Frequenzen und langsameren Rhythmen. Dem physischen Prinzip schrieb sie die niedrigsten Frequenzen und die langsamsten Rhythmen zu. An diesen Rhythmen und Frequenzen entdeckte sie in unterschiedlichen Kombinationen und Stärken unsere drei Persönlichkeitsdynamiken.

Logisch-mathematische Intelligenz

Howard Gardners Ausführungen über das logisch-mathematische Denken basieren auf den Forschungen von Jean Piaget. Nach Piaget beginnt die kindliche Entwicklung damit, dass das Kind Gegenstände ordnet, sortiert und zählt. Die Wurzeln kompliziertester logisch-mathematischer Gedankengänge sind also im Hantieren des Kleinkindes mit den Dingen, die ihm in die Hände fallen, zu sehen.

Ist das Kind physisch zentriert, wird es diese Methode immer favorisieren, auch wenn es, so sagt Piaget, schon weiter entwickelt ist und abstraktes Denken gelernt hat. Ist jemand physisch zentriert, hat er einen besseren Zugang zu Zahlen und Bezeichnungen, wenn die Aufgabe an eine konkrete Fragestellung geknüpft ist. Wie oft habe ich physisch zentrierte Menschen sagen hören, dass sie mit Mathematik in der Schule überhaupt nichts anfangen konnten. Ein Mann gab zu: »Erst als ich mein Architekturstudium machte, wurde mir klar, wofür die Mathematik gut war.«

Das abstrakte Denken basiert auf dem mentalen Prinzip, doch seine Wurzeln liegen im physischen Prinzip, das uns zum wirklich ausgereiften Denken anleitet. Erst in den Jugendjahren ist laut Piaget die kognitive Entwicklung so weit fortgeschritten, dass der Mensch abstrakte Operationen, die Symbole verwenden, durchführen kann.[9] Vielleicht ist diese Fähigkeit bei mental zentrierten Menschen schon viel früher vorhanden, sodass bereits kleine Kinder sehr abstrakte Schlüsse ziehen können?

Viele der großen Mathematiker wie Einstein oder Newton sprechen von der Kraft der Intuition in der Mathematik. »Die größten Fortschritte machen Wissenschaftler, wenn sie Verbindungen zwischen scheinbar zusammenhanglosen Elementen entdecken und die Beziehungen, die man feststellen kann, mit ein paar wenigen, einfachen Regeln erklären können.«[10]

Albert Einstein ist uns in Film- und Bandaufnahmen zugänglich und wir wissen einiges darüber, wie er dachte und was für ein Mensch er war. So können wir mit großer Wahrscheinlichkeit schließen, dass seine Persönlichkeitsdynamik eine emotional-physische war, wo also jede Entwicklung vom emotionalen Prinzip aus beginnt. Wie bereits erwähnt, laufen Problemlösungsprozesse bei diesen Menschen nicht linear, sondern assoziativ ab, sie stellen Verbindungen zu vorhandenen Erfahrungen her. Das weckt die Assoziation mit einem Puzzlespiel.

Howard Gardner betrachtet noch einen weiteren Mathematiker, Stanislaw Ulam, der als Kind von einem Muster in einem Teppich sehr beeindruckt war. Dieses Muster vermittelte einen harmonischen Gesamteindruck und war zugleich der Inbegriff mathematischer Regelmäßigkeit. Das Interesse an Mustern, Strukturen und Wiederholungen ist typisch für die physisch-mentale Dynamik, wo alle Prozesse mit dem Schaffen eines Musters, einer Struktur oder mit dem Erstellen eines kompletten Systems beginnen.

Wenn wir unsere logisch-mathematische Intelligenz ausdrücken, sind alle drei Prinzipien im Spiel und unsere Persönlichkeitsdynamik bestimmt, auf welche Art wir das zu lösende Problem angehen.

Bildlich-räumliche Intelligenz

Howard Gardner schreibt:

»*Wichtig für die räumliche Intelligenz ist die Kapazität, die visuelle Welt richtig wahrzunehmen, die ursprüngliche Wahrnehmung zu transferieren und zu modifizieren und Bilder der visuellen Erfahrung auch dann zu reproduzieren, wenn entsprechende physische Stimulierungen fehlen.*«[11]

Er beschreibt zudem verschiedene Tests, mit denen man die bildlich-räumliche Intelligenz feststellen kann.

Eine dieser Übungen ist folgende: Denken Sie sich einen Platz, auf dem Sie häufiger sind. Stellen Sie sich vor, wie viel Zeit Sie benötigen, um von einem Gebäude zum nächsten zu gelangen. Wie lange brauchen Sie, um von einer Seite zur anderen zu kommen?

Wie lösen Sie diese Aufgaben? Versuchen Sie sich einen Überblick über den Platz zu verschaffen und überschlagen Sie im Stillen, wie die Antwort lauten kann, nachdem Sie genauere Angaben über den Platz erhalten haben? Oder würden Sie versuchen, mit anderen Leuten zu reden und dabei einen ungefähren Überblick über Abstände und Zeiträume zu erhalten? Oder wollen Sie den Platz lieber in Ruhe betrachten, um vor Ihrem inneren Auge ein Bild von seiner Größe und seinem Aussehen zu entwickeln, um so auf die Antwort zu kommen?

Wie man an diese Aufgabe herangeht, hängt vom mentalen, emotionalen oder physischen Prinzip ab.

Manchen Menschen falle es leichter, bildlich-räumliche Vorstellungen zu entwickeln, behauptet Howard Gardner, und erklärt, was L. L. Thurstone, ein Pionier der Psychometrie, als bildlich-räumliche Fähigkeit definiert:[12]

1. die Fähigkeit, einen Gegenstand zu erkennen, wenn man ihn aus einem anderen Blickwinkel betrachtet
2. die Fähigkeit, sich zwischen den einzelnen Teilen einer Figur veränderte Verhältnisse vorzustellen
3. die Fähigkeit, sich andere räumliche Verhältnisse vorzustellen, die entstehen, wenn der Betrachter selbst seine Position wechselt.

Wenn wir unsere bildlich-räumliche Intelligenz einsetzen, spielen alle drei Prinzipien zusammen, wie in den anderen Fällen auch. Es hat jedoch den Anschein, als seien gewisse Aspekte der Fähigkeiten im räumlichen Bereich besonders eng mit dem physischen Prinzip verknüpft. Die bildlich-räumliche Fähigkeit, wie sie oben definiert wurde, tritt bei Kindern, die physisch zentriert sind, meist deutlicher in Erscheinung.

Ein physisch-emotionaler Junge, dem es schwer fiel, lesen zu lernen, wurde zu einem Sehtest zum Augenarzt geschickt. In seinem Bericht diagnostizierte der Augenarzt, dass der Junge über ein überdurchschnittlich gutes räumliches Sehen verfüge, das ihn beim Lesenlernen mitunter behindern könne.

Sandra Seagal berichtete uns von einem kleinen japanischen Jungen, der ihr den Mond beschreiben sollte. Da fragte der kleine Junge nach: »Soll ich den Mond beschreiben, wie wir ihn sehen, oder so, wie er wirklich aussieht?« Für ihn war es völlig normal, dass wir den Mond aus unserer Perspektive anders wahrnehmen.

Ich habe mir viele Gedanken über das Lesenlernen bei den physisch zentrierten Kindern gemacht. Besonders die physisch-emotionalen Kinder haben es oft nicht leicht. Das liegt zum einen daran, dass wir ihren organischen Prozess, sich neues Wissen zu eigen zu machen, immer wieder unterbrechen, zum anderen daran, dass ihr oft gut ausgeprägtes räumliches Sehen die Wahrnehmung der zweidimensionalen Buchstaben stört, weil sie sie dreidimensional erfassen. Möglicherweise liegt hierin die häufige Verwechslung der Buchstaben b und d sowie g und p begründet.

Physisch-mentale Menschen sind oft ganz begeistert, wenn man ihnen zur Erklärung eines Sachverhaltes verschiedene Diagramme, Tabellen und Karten vorlegt.

Natürlich haben wir alle eine bildlich-räumliche Intelligenz, die wir beispielsweise dann einsetzen, wenn wir uns in verschiedenen Umgebungen orientieren müssen oder bestimmte Gegenstände erkennen. Doch ich habe die Erfahrung gemacht, dass sie bei den physisch zentrierten Personen am stärksten ausgeprägt ist.

Howard Gardner schreibt über den äußerst begabten Erfinder Nikola Tesla folgendes:

»[Er] ›konnte sich von jedem Teil einer Maschine ein vollständiges Bild vor Augen rufen‹. Diese Bilder waren deutlicher als jeder Plan. Teslas Vorstellungsvermögen war so ausgeprägt, dass er seine komplizierten Geräte ohne Zeichnungen bauen konnte.«[13]

Piaget behauptete, dass sich die bildlich-räumlichen Fähigkeiten nicht vor dem Eintritt ins Schulalter ausbilden, doch das haben andere Wissenschaftler mit Untersuchungen bei bereits dreijährigen Kindern widerlegt. Dies könnte ein Hinweis darauf sein, dass es sich hierbei um eine Intelligenz handelt, die bei physisch zentrierten Kindern schon sehr früh angelegt ist.

Körperlich-kinästhetische Intelligenz

Die körperlich-kinästhetische Intelligenz definiert Howard Gardner als unsere Fähigkeit, unseren Körper einzusetzen, sprich: mehrere komplizierte Bewegungen hintereinander auszuführen, sowohl im fein- als auch im grobmotorischen Bereich. Als Beispiele für Menschen mit besonders gut entwickelter körperlich-kinästhetischer Intelligenz führt er Tänzer, Sportler, aber auch Kunsthandwerker an.

Die Körpersprache ist unsere non-verbale Sprache. Wir können mit dem Körper ausdrücken, wie es uns geht, in welcher Verfassung wir sind oder wie es um unser Selbstvertrauen steht.

In unserer Kultur ist dem Körper eine untergeordnete Bedeutung und Rolle zugewiesen worden. Es wird viel mehr belohnt, wenn man in intellektueller Hinsicht Intelligenz zeigt, als in körperlich-kinästhetischer Hinsicht. Aber mittlerweile beschäftigt sich auch die Forschung zunehmend mit den Zusammenhängen zwischen unseren Denkprozessen und unseren physischen Fähigkeiten.

Ich habe immer wieder darauf hingewiesen, wie wichtig es ist, dass alle drei Prinzipien miteinander kooperieren und sich weiterentwickeln, damit wir optimal funktionieren können, und zwar sowohl auf der mentalen wie auch auf der emotionalen und auf der physischen Ebene.

Die Bewegungspädagogin Patricia Bracken hat sich jahrelang mit Körpersprache und menschlichen Bewegungsabläufen beschäftigt. Sie hat Übungen für den Körper entwickelt, die unsere drei Prinzipien unterstützen.

Ihrer Ansicht nach ist das mentale Prinzip an vertikale Bewegungen (auf-ab) geknüpft, das emotionale hingegen an Bewegungen zur Seite und das physische Prinzip an Vor-und-zurück-Bewegungen.

Mental zentrierte Menschen weisen oft vertikale Bewegungsmuster auf, haben eine sehr aufrechte Körperhaltung und bewegen sich eher weniger seitlich. Ein Tänzer, der uns sicherlich alle mit seinem Tanzstil und seiner Eleganz begeistert hat, ist Fred Astaire. Auch er war mental zentriert.

Menschen mit emotionaler Zentrierung bewegen sich dagegen eher horizontal, von einer Seite zur anderen. Ihre Körpersprache ist vielfältiger, flexibler und persönlicher.

Physisch zentrierte Personen strahlen oft eine körperliche Ruhe aus, ihr Bewegungsmuster ist nicht so vielfältig und wenn sie auf einem Stuhl sitzen, sind sie in ihm geradezu »verankert«, meist nach vorn oder hinten gebeugt.

Doch zurück zu Howard Gardner. Er bezieht sich auf den Amerikaner Roger Sperry, der sich mit Hirnforschung beschäftigt und die These aufgestellt hat, wir müssten alle Hirnfunktionen als Werkzeuge sehen, die dazu dienten, unsere motorischen Fähigkeiten zu präzisieren. Motorische Aktivität sei somit nicht untergeordnet.

Mental zentrierte Kinder weisen oft schon früh eine auffällig gute Feinmotorik auf, während die Grobmotorik mitunter weniger entwickelt ist und gefördert werden muss. Das emotional zentrierte Kind bewegt sich viel und ist sehr flexibel, wobei das emotional-physische Kind öfter Schwierigkeiten hat, sich auf eine exakte Bewegung zu konzentrieren und sie nach Anweisung entsprechend auszuführen. Bei physisch zentrierten Kindern fällt oft eine gute Körperkontrolle auf. Sie wissen genau, wo Arme und Beine sind und fallen im Kleinkindalter nur selten hin. Wenn es um die Feinmotorik geht, kann die Sache wieder anders aussehen. Gerade beim Formen von Buchstaben können Schwierigkeiten auftauchen.

Da man festgestellt hat, dass der überwiegende Teil der asiatischen Bevölkerung physisch zentriert ist, war es naheliegend, die Methoden der japanischen Lehrer näher zu betrachten, mit denen sie den Kindern das Schreiben beibringen.

Im traditionellen Unterricht ging man laut der Sozialanthropologin Ruth Benedict so vor, dass der Lehrer die Hand des Kindes führte und die ideografischen Zeichen formte. Dahinter stand die Absicht, dem Kind 'ein Gefühl' für das Schreiben zu vermitteln. Das Kind wurde so mit den kontrollierten, rhythmischen Bewegungen vertraut, lange bevor es die einzelnen Zeichen kannte, geschweige denn sie selbst schreiben konnte.[14]

Die Pädagogik, die unsere Schulen in Schweden dominiert, ist nicht auf physisch zentrierte Kinder eingestellt, sondern auf die emotional zentrierten. Die physisch zentrierten Kinder erhalten nur selten die Möglichkeit, auf kinästhetisch-taktile Weise zu lernen. Das bedeutet, dass sie bei ihren Lernprozessen immer wieder unterbrochen werden und dadurch Blockaden entstehen. In der Welt der Schule, die auf emotional zentrierte Kinder ausgerichtet ist, kommen sie einfach zu kurz. Die Lehrer sind sich dessen nicht bewusst.

Der Körper ist ein Teil unserer Persönlichkeit und deshalb ist es wichtig, dass jeder die Möglichkeit erhält, mit seinem Körper zu arbeiten und sich ausgehend von seiner Zentrierung weiterzuentwickeln. Ebenso wichtig ist es, dass jeder die drei Prinzipien durch Bewegung fortentwickeln kann, damit die Chance besteht, das fehlende dritte Prinzip harmonisch zu integrieren.

Die persönlichen Intelligenzen

Howard Gardner betrachtet die persönliche Intelligenz aus zwei Blickwinkeln. Er spricht zum einen von der interpersonalen, zum anderen von der intrapersonalen Intelligenz.

Die interpersonale Intelligenz kommt am stärksten zum Ausdruck, wenn wir uns mit anderen beschäftigen, wenn wir zum Beispiel eine Diskussion führen, sowohl verbal als auch non-verbal, und wenn wir die Strömungen innerhalb der Gruppe spüren können und erkennen, was abläuft. Diese Intelligenz kommt zum Tragen, wenn wir uns mit anderen identifizieren können, ihre Gefühle und Erwartungen verstehen und auch einen emotionalen Zugang zu ihnen haben, wenn sie gerade nicht anwesend sind.

Die intrapersonale Intelligenz bezeichnet die Fähigkeit, sich selbst zu betrachten und zu reflektieren. Ist sie weit entwickelt, sind wir in der Lage, Gefühle tiefgehend zu analysieren, uns selbst von außen zu betrachten und Zusammenhänge zwischen Gefühl und Intuition zu sehen.

Was die persönlichen Intelligenzen angeht, so besteht hier ganz offensichtlich eine Verbindung zu dem, was Seagal und Horne als unseren Reifeprozess bezeichnen. Sie sprechen von der integrierten Persönlichkeit, wenn das dritte Prinzip schon aktiver auf die anderen zwei einwirkt. Bei Menschen mit emotional-physischer beziehungsweise physisch-emotionaler Grundstruktur muss das mentale Prinzip integriert werden, bei Menschen mit mental-physischem oder physisch-mentalem Schwerpunkt ist es das emotionale Prinzip und bei emotional-mentalen das physische. Unter Zuhilfenahme von Howard Gardners Begrifflichkeiten könnte man sagen, dass der Schwerpunkt des Reifeprozesses, mit dem in der Lehre der Human Dynamics die Integration des dritten Prinzips gemeint ist, die Ausbildung unserer interpersonalen Intelligenz sein müsste.

Doch Seagal und Horne benennen noch eine weitere Entwicklung, nämlich die transpersonale Entwicklung, die wesentlich tiefer geht. Bei Gardner entspräche dies einem Prozess, bei dem das Hauptgewicht auf der Ausbildung der intrapersonalen Intelligenz liegt:

> »*Das Endziel ist ein hoch entwickeltes und völlig gegen andere abgegrenztes Selbst. Als nachahmenswerte Modelle gelten Sokrates, Jesus Christus, Mahatma Gandhi oder Eleanor Roosevelt; Persönlichkeiten, die vieles über sich selbst und ihre jeweilige Gesellschaft verstanden haben und erfolgreich gegen die Schwachheit des Menschen angekämpft zu haben scheinen und zugleich andere zu einem schöpferischen Leben inspirierten.*« [15]

Wenn Gardner sich zur Entwicklung der persönlichen Intelligenzen bei Kindern unterschiedlichen Alters äußert, geht er davon aus, dass alle Kinder die gleiche Entwicklung durchmachen. Seagal und Horne vertreten die Ansicht, dass unsere Entwicklungswege sich unseren Persönlichkeitsdynamiken entsprechend durchaus unterscheiden.

Schon von Geburt an sucht ein kleines mental zentriertes Kind die Distanz zu seiner Umgebung und nimmt nur sehr zaghaft Kontakt mit seiner Umwelt auf. Das emotional zentrierte Kind will immer im Mittelpunkt stehen, sucht die Aufmerksamkeit und nimmt spontan und lautstark Kontakt auf. Das physisch zentrierte Kind betrachtet seine Umgebung in Ruhe und agiert erst aus dieser Ruhe heraus mit wenig Gefühlsregung.

Howard Gardner meint, dass sich das Kind im Schulalter zu einem sozialen Wesen entwickelt. Seagal und Horne stimmen in diesem Punkt zu, weisen jedoch darauf hin, dass dies auf unterschiedliche Art und Weise vor sich geht.

Das mental zentrierte Kind hat nach wie vor nicht so viele

soziale Kontakte, bevorzugt beim Arbeiten eine kleine Gruppe oder bleibt allein, es diskutiert nicht und sucht sich einen Platz am Rand.

Das emotional zentrierte Kind liebt die Vielfalt und drückt Gefühle körperlich und verbal aus. Es ist gern mit anderen zusammen und bevorzugt die Arbeit in der Gruppe. Das Kind zeigt offen, was es denkt oder meint und bringt dies ohne Probleme zum Ausdruck.

Das physisch zentrierte Kind zeigt sich meist entgegenkommend und kompromissbereit, es verschmilzt mit der Gruppe und hat manchmal Schwierigkeiten, eine eigene Meinung zu formulieren. Dann braucht das Kind Unterstützung, damit es den Schritt aus dem Kollektiv heraus machen kann. Ein Aspekt seiner Entwicklung wird sein, sich selbst als Individuum wahrzunehmen, seine eigenen Wünsche und Bedürfnisse zu erkennen. Ich habe viele physisch zentrierte Erwachsene kennengelernt, die sich schwer tun zu sagen: ich finde, ich will und ich fühle.

Heutzutage ist so oft die Rede von emotionaler Intelligenz und sozialen Kompetenzen. Aber welche Normen und Wertvorstellungen soll man zu Grunde legen? Wir leben in einer Gesellschaft, in der es in erster Linie gilt zu zeigen, wer man ist. In der Eloquenz hoch bewertet wird, denn flinke Antworten und interaktives Handeln deuten offensichtlich auf schnelle und scharfsinnige Intellekte hin. In der viele Kontakte zählen, in der wir flexibel sein müssen. Sowohl in der Schule als auch in der übrigen Gesellschaft werden diese Fähigkeiten favorisiert. Wer sind die Gewinner? Selbstverständlich die emotional zentrierten Kinder. Auf Kosten derjenigen, die mental oder physisch zentriert sind.

Da heißt es: umdenken und die Qualitäten aller Persönlichkeitsdynamiken erkennen, denn in uns allen sind alle Prinzipien angelegt. Jedem steht die Möglichkeit offen, diese Prinzipien auszubilden, aber wir müssen dem Menschen erlauben, dies von sich aus zu tun und nicht, weil die Normen, die von einer Mehrheit vertreten werden, ihn dazu zwingen.

Wenn ich hier Howard Gardners Forschungen beschreibe, dann beziehe ich mich in erster Linie auf das Buch *Abschied vom IQ*. Doch auch in *Der ungeschulte Kopf* hat er seine Theorien über Kinder und deren Lernprozesse dargelegt. Er unterscheidet Kinder, die intuitive, natürliche, naive und universelle Lerntypen sind und erläutert, wie kleine Kinder Sprachen und andere Symbolsysteme lernen. Ein weiterer Ansatz seines Buches ist, Kinder verfügten über unterschiedliche Arten von Intellekt. Daher lernten, verstünden und erinnerten sie sich anders und erbrächten auch unterschiedliche Leistungen.[16]

Weitere Forschungsansätze

Während ich mich Anfang der neunziger Jahre in den USA aufhielt, lernte ich Linda Campbell und Dee Dickinson kennen, die über Jahre hinweg versuchten, die Ansätze von Gardner in Schulen in Seattle zu implementieren. Über ihre Erfahrungen und Untersuchungen kann man in *Teaching and Learning Through Multiple Intelligences* nachlesen. Beide haben sich in Human Dynamics ausbilden lassen und stellten viele Zusammenhänge zwischen ihrer Arbeit und dem Ansatz der Human Dynamics fest.

Danah Zohar und Ian Marshall behaupten in ihrem Buch *Spiritual Intelligence,* dass die verschiedenen Intelligenzen, wie Gardner sie vorstellt, mit den drei grundlegenden neuralen Systemen unseres Gehirns in Verbindung stehen und allesamt nur Variationen von intellektueller, emotionaler und spiritueller Intelligenz, dargestellt durch IQ, EQ und SQ[17], und den damit verbundenen neuralen Strukturen sind.

Können sie möglicherweise mit dem mentalen, emotionalen und physischen Prinzip in Verbindung stehen?

Anthony Gregorc, Professor für Unterrichtsmethodik an der Universität Connecticut (An Adult's Guide to Style) vertritt die Auffassung, dass wir verschiedene Denkarten haben und unterteilt diese in vier Gruppen: konkret-sequenziell, konkret-zufällig, abstrakt-zufällig und abstrakt-sequenziell. Er sagt, Personen, die konkret-sequenziell denken, gingen mit Informationen sehr geordnet, der Reihe nach und linear um. Konkret-zufällige Denker experimentierten eher und hätten kein Problem zu scheitern. Sie legten Wert darauf, Alternativen zu entwickeln und die Dinge auf ihre Art anzugehen. Abstrakt-zufällig denkende Personen sortierten Informationen aus ihrer unstrukturierten und an Personen orientierten Umgebung. Arbeite man nach dieser Denkstruktur, habe man eine Vorliebe für Zusammenarbeit und gebe zu, dass Gefühle die Konzentration stark beeinflussten. Abstrakt-sequenzielle Denker liebten die Welt der Theorie und Abstraktionen. Sie wollten in Begrifflichkeiten denken und Informationen sogleich analysieren. Sie lenkten ihre Aufmerksamkeit auf die wesentlichen Dinge, auf die wichtigsten Aspekte und signifikanten Details.[18]

Verschiedene Wissenschaftler haben sich dem Verständnis des Lernens sowie anderer grundlegender Prozesse auf unterschiedliche Art und Weise genähert. Im Unterschied zu diesen Modellen entwirft Human Dynamics nie ein statisches Bild vom Individuum, sondern unterstreicht durch das Verständnis der drei Prinzipien und ihr dynamisches Miteinander, dass sich der Mensch unentwegt verändert und entwickelt.

Human Dynamics-Untersuchungen von Lernprozessen

Im Jahre 1979 begannen Sandra Seagal und ihre Mitarbeiter mit ihren Beobachtungen und Interviews. Wie bereits erwähnt, stützte sich ihre Theoriebildung auf Interviews mit etwa 10 000 Personen. Inhaltlich ging es hauptsächlich um menschliche Verhaltensweisen und Prozesse in Bezug auf die Beziehungen zu ihrer Umgebung, ihre Kommunikation, ihre Art zu lernen, Probleme zu lösen und sich weiterzuentwickeln.

Zum Beispiel wurden Menschen aufgefordert, eine Aufgabe zu lösen oder über ein vorgegebenes Thema zu sprechen und dabei auf Video aufgenommen. In einer Studie sollten eine Reihe von Personen, die die gleiche Dynamik mitbrachten, einen Erholungspark bauen (die Studien wurden sowohl mit Kindern als auch mit Erwachsenen durchgeführt). Die Filmaufzeichnungen verfolgen, wie fünf unterschiedliche Prozesse in Gang gesetzt werden und auch fünf ganz unterschiedliche Ergebnisse dabei herauskommen, nämlich unterschiedliche Parks mit verschiedenen Schwerpunkten.[19]

Im Jahr 1985 erstellte Carol Brooks eine Studie, bei der es darum ging, verschiedene Arten des Lernens zu betrachten, ausgehend von den Definitionen der Human Dynamics. Als Versuchspersonen entschied man sich für 130 Frauen, die Technologie und Wirtschaft an der Universität studierten.

Das Ergebnis zeigte, dass die Studentinnen effektiver arbeiteten, wenn ihre individuelle Art zu lernen berücksichtigt wurde, besonders bei den emotional zentrierten Personen. Diese Erkenntnisse bildeten die Basis für Weiterbildungsprogramme in Kanada, Australien und England. Man kann diese Studie in *Working with Female Relational Learners in Technology and Trades Training* nachlesen.

Wie bereits erwähnt nahmen von 1987 bis 1988 etwa 25 Lehrer und 500 Schüler aus den USA, Kanada und Schweden an einer Studie teil, bei der man den Lernprozess bei Menschen mit unterschiedlichen Persönlichkeitsdynamiken untersuchte. Mit Beobachtungen, Interviews und Videoaufzeichnungen verfolgte man den Lernprozess eines Schülers über ein ganzes Jahr. Diese Studie bildete die Grundlage für die Lehrerfortbildungen, die 1989 ins Leben gerufen, seitdem immer weiterentwickelt wurden und heute unter anderem in Schweden, Holland, den USA, Kanada und Singapur stattfinden.

Während meines Pädagogikstudiums machte ich eine Erhebung, die als Grundlage einer Hausarbeit diente.[20] Bei dieser Studie führte ich umfangreiche Interviews mit 16 Lehrern und untersuchte, wie sie ihre Ausbildung in Human Dynamics, die sie 1989 und 1990 erhalten hatten, umgesetzt hatten, wie dieses Wissen sich auf ihre Rolle als Lehrer ausgewirkt hatte und in welchem Maße sie Human Dynamics in ihren Unterricht einfließen ließen. Als ich die Interviews auswertete, trat deutlich zutage, dass Human Dynamics im Bereich der Kommunikation am wichtigsten war, egal ob sie sich nur auf Erwachsene bezog oder auf Erwachsene und Kinder. Dabei ging es hauptsächlich um die Erkenntnis, dass man je nach Persönlichkeitsdynamik andere kommunikative Bedürfnisse mitbringt, sei es beim Arbeitsrhythmus, beim Zeitbedarf, wenn man etwas formulieren will, bei dem Bedürfnis, »laut« zu denken oder auch nur mit wenigen Worten eine Antwort zu geben.

Je mehr das Wissen über Human Dynamics verbreitet wird, desto mehr Lehrer können diese Erkenntnisse anwenden, um die Anforderungen der Lehrpläne zu erfüllen. Sie können individuell auf jedes Kind eingehen, weil sie wissen, dass jedes Kind eine andere Art zu lernen hat.

Von Grund auf verschieden

Viele, die mit Human Dynamics in Kontakt kamen, waren überrascht zu entdecken, dass wir Menschen offenbar im Kern unterschiedlich funktionieren – und dass die Unterschiede zwischen uns, die sie zuvor vielleicht als verschiedene Verhaltensweisen eingestuft hatten, tatsächlich Ausdruck der inneren Persönlichkeit des anderen Menschen sind.

Während ich an diesem Buch schrieb, fand ich in der schwedischen Tageszeitung *Svenska Dagbladet* ein Interview mit dem amerikanischen Psychologen und Professor Alan Berkowitz.

Er erläuterte eine Theorie, unsere Persönlichkeit bestehe aus drei verschiedenen Schichten, die man unbedingt kennen und verstehen müsse. Die äußere Schicht sei von den äußeren Umständen geprägt, von dem Umfeld, in dem wir lebten. Die nächste Schicht sei, was die Psychologen das persönliche Unterbewusstsein nennten, Erinnerungen an Erlebtes oder Kindheitstraumata. Doch es gebe noch eine tiefere Schicht, einen sogenannten Kern, der von außen unbeeinflusst und bereits angelegt sei, wenn wir geboren werden.[21] In diesem inneren Kern ist laut Seagal und Horne unsere Persönlichkeitsdynamik verankert.

Wie oft hören wir nicht Leute sagen: »Jetzt müssen wir aber in die Gänge kommen. Wenn es Probleme gibt, kümmern wir uns später darum!« Wer dies sagt, geht wahrscheinlich davon aus, dass es jeder so sieht. Wie schnell fallen uns zahlreiche Sprüche ein, bei denen der Sprecher meint, für die Allgemeinheit zu reden und die Personen, die etwas anderes denken, als »lästig« abgestempelt werden.

Wenn wir einsehen, dass jeder von uns anders funktioniert und wir dem gerecht werden müssen, um eine optimale Leistung zu erbringen, haben wir gleichzeitig mehr Respekt vor den anderen. Als Lehrer müssen wir wissen, wie wir selbst und die anderen »gestrickt sind«. Wie sollen wir sonst mit Kollegen und Schülern zusammenarbeiten? Daher ist es überall dort, wo es um Bildung geht, wichtig, erst einmal eine Selbstanalyse zu machen, sich sozusagen auf Entdeckungsreise zu begeben und zu fragen: »Wer bin ich?« Das kann etwas Zeit in Anspruch nehmen, denn für die meisten von uns ist es ungewohnt, sich selbst – oder andere – sehr genau zu beobachten. Erst wenn wir die Prozesse, die in uns ablaufen, verstehen, können wir auch die anderen verstehen. Wenn wir hingegen versuchen, eine »Abkürzung« zu nehmen und Human Dynamics nur als pädagogisches Modell anzuwenden, wie ein Rezept, das man einfach nachkocht, wird der Effekt nie so tiefgreifend sein, wie er tatsächlich sein könnte.

Schwedische Pionierarbeit

Im Schuljahr 1995 gaben wir den Startschuss für ein völlig neues Projekt an unserer Schule. Wir waren vierzehn Lehrer, die sich entschlossen hatten, in Form eines Projektes etwas Neues auszuprobieren. Voller Ideen und motiviert von den neusten Strömungen in der Pädagogik, wollten wir mit dem neuen Lehrplan auch neue Arbeitsweisen testen und uns an den Human Dynamics orientieren. Leider konnten wir nicht den gesamten Lehrkörper dafür gewinnen, denn manchen war die vertraute Arbeitsweise lieber und die Angst vor Neuerungen zu groß.

Im Nachhinein muss ich sagen, dass es schwierig ist, ein neues Projekt einzuführen, wenn man nicht alle im Boot hat. Gibt es vielleicht deshalb einen so starken Trend zu Freien Schulen? Wo man von Anfang an die Mitarbeiter einstellt, die auch gemeinsame Ziele und Visionen vertreten und an einem Strang ziehen.

Am 7. September 1995 startete also unser Projekt mit einem Treffen, bei dem wir – ausgehend von unserer Vision – eine Zielbeschreibung formulierten. Wir bildeten ein Projektteam, das einen Plan erstellen sollte, der Folgendes zu berücksichtigen hatte:

Wir wollten eine zukunftsfähige Schule schaffen und den Unterricht an folgenden Kriterien ausrichten und weiterentwickeln:
- an dem Lehrplan
- an neuen Ansätzen innerhalb der pädagogischen Forschung
- an dem Programm *Teaching and Learning* aus den Human Dynamics
- an einer konstruktiven Zusammenarbeit mit Schülern, dem gesamten Personal in der Schule und den Eltern

Auf dieser Grundlage wollten wir:
- die Arbeit in den verschiedenen Teams optimieren und unsere unterschiedlichen Neigungen berücksichtigen
- viel mehr als bislang voneinander lernen
- den Unterricht entsprechend den Bedürfnissen und Persönlichkeiten der Kinder gestalten
- die persönliche Entwicklung unserer Schüler fördern, indem wir die mentalen, emotionalen und physischen Fähigkeiten bei jedem Kind unterstützten
- gemeinsam die Verantwortung für die Kinder auf unserer Schule übernehmen

Unsere Einrichtung sollte einen ganzheitlichen Ansatz gemäß des neuen Lehrplans verfolgen und sich zudem an den Zielsetzungen der Gemeinde Huddinge für Schule und Vorschule richten.

Jeder Schüler sollte in Zusammenarbeit mit seinen Lehrern und Eltern einen persönlichen Studienplan ausarbeiten.

Die Schüler sollten lernen, die Verantwortung für ihre Aufgaben zu übernehmen.

Die tägliche Arbeit in der Schule sollte in flexiblen Gruppen stattfinden, je nach Planung und Wunsch der Schüler.

Ein paar Stunden sollten die Schüler in verschiedenen Workshops zubringen: in der Mathematik-, Schreib-, Sprach-, Bild- und Form-, Theater- und Informatikwerkstatt.

Die Länge der Unterrichtsstunden sollte sich an den Aufgaben orientieren, nicht am Schulstundenschema.

Alle Fächer und alle Arbeitsformen sollten gleichwertig sein.

Es sollten Kontakte zur näheren Umgebung und zur lokalen Wirtschaft geknüpft werden, zum Beispiel, indem man Mentoren für die einzelnen Schülergruppen fand.

Unsere Arbeit begann im Herbst 1996 mit 215 Schülern und 14 Lehrern. Anfangs ließen wir die Klassenverbände bestehen, da die Schüler in den verschiedenen Werkstätten ohnehin in flexiblen Gruppen arbeiten würden und wir den Kindern nicht zu viele Veränderungen auf einmal zumuten wollten.

Der Schultag begann damit, dass jeder Lehrer mit seiner Klasse den Tag »einläutete«. Am Anfang stand eine Entspannungsübung, danach folgten 20 Minuten Stillarbeit. Zu der Zeit war es in der ganzen Schule ruhig und man konnte sich wunderbar auf das Werk des Tages vorbereiten.

Darauf folgten zwei Unterrichtsstunden, in denen neue Themen eingeführt wurden, Organisatorisches geklärt werden konnte und die Schüler für sich arbeiteten.

Nach der ersten großen Pause wurden die Klassenzimmer zu Werkstätten, in denen größtenteils thematisch gearbeitet wurde. Jede Werkstatt bot verschiedene Möglichkeiten an. Es gab einen stillen Bereich, in dem man allein lernte. Dort waren die Aufgaben in Form von Bildern und Text aufbereitet – ausgehend vom mentalen Prinzip. Die Anweisungen waren sehr strukturiert, sachlich und voll von Informationen. In einem anderen Bereich des Raumes konnte man gemeinsam arbeiten. Dies war vor allem für die emotional zentrierten Schüler gedacht. Man führte Diskussionen, las oder verfasste Texte gemeinsam. Außerdem gab es Angebote, bei denen man kreativ sein konnte, und sich dem Thema in Form von Experimenten oder künstlerischem Gestalten näherte.

Die Schüler konnten frei wählen, in welchem Bereich sie arbeiten wollten. Für eine Aufgabe gab es schließlich mehrere Lösungswege.

Die praktisch-ästhetischen Fächer wie Musik, Handwerk und Hauswirtschaft wurden in andere Themen und Projekte integriert. (Leider war dies mit dem Sportunterricht nicht möglich, da die Sportlehrer an unserem Projekt nicht teilnahmen). Unser Anliegen war es, Theorie und Praxis so ineinander zu verweben, dass die Schüler ihren Unterricht ganzheitlich erlebten.

Ein Individualkonzept für jedes einzelne Kind

Die Konzepte für all unsere Schüler stellten wir in Zusammenarbeit mit den Kindern und ihren Eltern auf. Zu Beginn des Schuljahres wurden die Eltern gefragt, wo sie die Stärken und Schwächen ihres Kindes in den Hauptfächern sahen, also Schwedisch, Mathematik und Englisch. Auch soziale Kompetenzen kamen zur Sprache. Vor dem offiziellen Gespräch sollten Eltern und Kinder zu Hause darüber diskutieren, was sie für das Lernen in den verschiedenen Fächern im kommenden Schuljahr für wichtig hielten. Im gemeinsamen Gespräch äußerte auch der Lehrer seine Meinung. So entwarfen wir gemeinsam ein Konzept für das Kind, das sowohl der Schüler selbst als auch Eltern und Lehrer unterschrieben. Dieser Plan diente dem Kind als Anhaltspunkt, wenn es für sich arbeitete.

Ein Beispiel ist das Konzept für Lena: Lena ist emotional-mental zentriert und eine sehr quirlige junge Dame. Es fällt ihr mitunter schwer, den anderen Zeit zu lassen – sie »überrennt sie«, nicht aus Gehässigkeit, sondern einfach, weil bei ihr alles so schnell gehen muss.

Individualkonzept für Lena

Schwedisch
Leseübung: Anspruchsvolle Texte mit Worten, deren Rechtschreibung von der Phonetik abweicht
Schreiben: Übungen für einen nuancierten Sprachgebrauch und Aufsatzübungen. Sich die Zeit nehmen, vor dem Schreiben ein Konzept mit inhaltlichen Punkten zu erstellen.
Grammatik: Verben, Adjektive, Adverbien und Pronomen.

Mathematik
Division und Multiplikation. Problemlösung und Geometrie. Prozentrechnung.

Englisch
Texte für Fortgeschrittene, Sprech- und Schreibübungen.
Grammatik: regelmäßige und unregelmäßige Verben, Pronomen, Präpositionen und Konjunktionen.

Soziale Kompetenzen
Üben, den anderen Raum für sich zu lassen. Gruppenarbeiten so zu Ende bringen, dass alle zufrieden sind. Mehr Sensibilität dafür entwickeln, was andere möchten und Geduld üben.

Auf der Basis dieses Konzepts gab der Lehrer Lena Übungen und Aufgaben, die sie bearbeiten sollte. Manche wählte der Lehrer aus – mit Blick auf Lenas Dynamik – andere konnte sie selbst bestimmen. Viele Aufgaben enthielten offene Fragestellungen und gaben Lena Gelegenheit, frei zu experimentieren und auszuprobieren.

Wenn Lena eine Aufgabe erledigt hatte, überprüfte der Lehrer das Resultat und Lena konnte in ihr Arbeitsbuch eintragen, ob sie damit fertig war oder noch mehr üben musste.

Zu Beginn unseres Projektes war es ein großer Arbeitsaufwand, Übungen für verschiedene Fächer zu formulieren, die sich je nach Dynamik unterschieden. Als wir uns einen gewissen Fundus geschaffen hatten, konnten wir ihn kontinuierlich mit neuen Aufgaben erweitern.

In unserem Team waren alle Persönlichkeitsdynamiken vertreten, daher konnten wir Fragestellungen entwerfen, so wie wir sie entsprechend unserer eigenen Neigung als angenehm empfanden. So entstand auf natürliche Weise eine Reihe von Aufgaben, die wir im Nachhinein verfeinerten und weiterentwickelten. Wir waren voller Motivation, unsere Arbeit stetig zu verbessern, klarer zu werden und unseren pädagogischen Anspruch umzusetzen.

Auswertung

Die Schüler hatten ein »Wochenheft«, in dem sie jeweils freitags ihre Meinungen und Gedanken zur vergangenen Woche festhielten. Der Lehrer las die Eintragungen in der darauf folgenden Woche und kommentierte sie.

Die Eltern hatten Einsicht in die Lernprozesse ihrer Kinder, wenn sie sich in der Schule engagierten, durch die Lehrergespräche, die stattfanden, und wenn sie vier Mal im Jahr Kommentare zum Lernerfolg ihrer Kinder in eine »Konzeptmappe« eintrugen.

Die Auswertung der Themenarbeit erfolgte, indem Schüler und Lehrer sowohl nach jeder Werkstattwoche als auch nach Abschluss eines Themas ihre Meinungen schriftlich festhielten.

Projektarbeit

Im Atelier sitzt eine Gruppe Schüler, die unterschiedliche Aufgaben hat. Das Thema für die kommenden sechs Wochen heißt »Geschichte des Zwanzigsten Jahrhunderts«. Die Schüler bestimmen ihre Vorgehensweise selbst und eine Gruppe hat sich für das Arbeiten mit Bildern entschieden, einzeln und gemeinsam. Aus den Lautsprechern ist Musik des Zwanzigsten Jahrhunderts zu hören. An einem Tisch arbeitet Fredrik an einer Skulptur – er ist ganz vertieft in die Darstellung eines unserer größten Dichter: Gustav Fröding. Die Kinder, die um den Tisch versammelt sind, sind zwischen sechs und zwölf Jahre alt. Das altersübergreifende Lernen bewirkt, dass die Kinder mehr Verständnis füreinander entwickeln und sich gegenseitig besser akzeptieren. Entsprechend ihren eigenen Möglichkeiten und Kenntnissen können sie sich einbringen. In der Schreibwerkstatt sitzt der siebenjährige Mattias vor einem Bildschirm und rauft sich die Haare, manchmal kämpft er mit den Buchstaben. Robert, zwölf Jahre alt, geht zu ihm und bietet ihm seine Hilfe an. Mit seiner Unterstützung findet Mattias das gesuchte Wort und kann weiterarbeiten.

Da den Erwachsenen die unterschiedlichen Persönlichkeitsdynamiken innerhalb des Teams klar waren, bekam die Arbeit eine ganz spezielle Dynamik. Innerhalb der Gruppe konnte man deshalb alle Energien auf die eigentliche Arbeit konzentrieren. Dadurch, dass wir die Schwächen und Stärken der anderen annehmen und ihre Art, wie sie funktionierten, verstehen konnten, entstand innerhalb der Gruppe ein starkes Wir-Gefühl und ein sehr offener Umgang miteinander. Wir konnten unsere

Ängste vor dem Unbekannten, das vor uns lag, zugeben, unsere Zweifel, die auftauchten und auch den Ärger, der mitunter aufkam. Manch einer, der am Anfang des Projektes einen eher schwachen und skeptischen Eindruck machte, stellte sich im Verlaufe der Arbeit als engagierter und starker Teilnehmer heraus. Die Gruppe selbst entwickelte Stärke und Stabilität.

Ein Beispiel dafür, wie wir unsere Stärken einsetzen konnten, war Markus. Markus ging in die vierte Klasse und hatte im sozialen Bereich große Probleme. Markus ist mental-physisch und so dauerte es lange, bis er seine Klassenkameraden kennengelernt hatte. Dies war auch nicht sein vordergründiges Interesse. Er beobachtete seine Umgebung aus der Distanz und eher objektiv. Das störte ein paar andere Kinder, die daraufhin versuchten, ihn aus der Reserve zu locken. Markus reagierte auf deren Provokationen frustriert und weigerte sich irgendwann ganz und gar, in die Schule zu gehen.

Ein Klassenlehrer einer ersten Klasse hatte selbst auch eine mental-physische Persönlichkeitsdynamik. Er setzte sich mit Markus hin und erzählte ihm, wie er selbst als Lehrer seine Umgebung wahrnahm. Dies führte dazu, dass Markus sich in dem wiedererkannte, was der Lehrer beschrieb. Der nächste Schritt war ein gemeinsames Gespräch mit der gesamten Klasse, in dem sie ihre unterschiedlichen Wesensarten betrachteten und diskutierten. Dies hatte zur Auswirkung, dass die Schüler sich stärker respektierten, ihre Unterschiede akzeptierten und neugierig aufeinander wurden.

Mir fallen viele Parallelen zu der Pädagogik auf, die zu Beginn der neunziger Jahre in Dänemark entwickelt wurde. Der bekannte norwegische Musikprofessor Jon-Roar Bjørkvold schreibt in seinem Buch *Sköldpaddans sång*[22] über den dänischen Kultusminister Ole Vig Jensen, der 1994 einen Musikausschuss einrichtete, in dem er die Schulen um Vorschläge, wie man die ästhetischen, musikalische, kreativen und praktischen Dimensionen im Schulalltag stärken könne, bat. Die Bifrostschule in Herning, die für einige ihrer Pädagogen in Schweden bekannt geworden ist, war wegweisend in der Umsetzung der Vorgaben des Kultusministers. Eine Schule, die sich Folgendes auf die Fahnen schrieb: Menschliche Entwicklung, Kreativität, Flexibilität, Selbstständigkeit, Verantwortungsbewusstsein und Enthusiasmus.

Wachstum und Entwicklung fördern

Ist ein Mensch in seiner Persönlichkeit gereift, herrscht zwischen den drei Prinzipien ein harmonisches Zusammenspiel. Alle sind weit entwickelt und integriert. Doch da wir unterschiedliche Persönlichkeitsdynamiken aufweisen, sind die Wege dorthin auch ganz unterschiedlich. Zunächst geht es vorrangig darum, das dritte Prinzip, das sich gern zurückzieht, wenn »Gefahr droht« oder wir unter Druck geraten, zu stärken und zu integrieren. Wenn wir daran arbeiten, setzen wir eine qualitative Verbesserung in Gang, die sich wiederum auf die beiden anderen Prinzipien auswirkt. Schon die Tatsache, dass wir uns dessen bewusst sind, stärkt diese Prinzipien, aber es gibt außerdem vieles, das wir zu ihrer Unterstützung tun können – ob es uns selbst, unsere Kinder oder unsere Schüler betrifft.

In diesem Kapitel möchte ich darauf eingehen, wie man in der Praxis dieses dritte Prinzip fördern und verstärken kann.

Wenn wir davon reden, dass unsere Persönlichkeitsdynamik in all unseren Handlungsabläufen zum Tragen kommt, betrifft dies auch unsere Körpersprache – denn unsere grundlegenden Prinzipien sind auch im Körper verankert. Was bedeutet, dass wir auch mit dem Körper und unserer sinnlichen Wahrnehmung arbeiten können, um das dritte Prinzip zu unterstützen. Über den Körper erreichen wir den »Kopf«.

Musik

Ende der achtziger und Anfang der neunziger Jahre arbeitete ich mit Dorothy Wilson, die in Chico/Kalifornien Musikwissenschaften lehrt, zusammen. Viele Jahre widmete sie sich der Erforschung von Zusammenhängen zwischen Musik und verschiedenen Entwicklungsphasen der Menschen. Darüber hat sie eine Reihe von Büchern verfasst, von denen ich mich hier vorrangig auf *Visual and Performing Arts Framework* stütze. Als sie Sandra Seagal und David Horne kennen lernte, begannen sie zusammenzuarbeiten. Dies führte schließlich dazu, dass Dorothy Wilson ein Musikprogramm entwarf, das fester Bestandteil der Weiterbildungen für Pädagogen im Bereich der Human Dynamics wurde.

Dorothy Wilson vertritt die Ansicht, dass man bereits dem kleinen Kind die Gelegenheit geben muss, das mentale, emotionale und physische Prinzip zu trainieren, während es sich noch in der laut Piaget »vor-logischen« Phase, sprich: in den ersten sieben Lebensjahren, befindet. Körper, Geist und Gefühlswelt müssen sich miteinander im Einklang befinden, damit eine optimale Lernsituation entstehen kann.

Musik und jede künstlerische Tätigkeit betrachtet sie als natürliche Einsatzgebiete für diese Übungen.

Die Übungen, die ich hier vorstelle, können Sie sofort umsetzen – entweder bei sich selbst oder bei den Kindern im Klassenzimmer.

Die Stimulation des mentalen Prinzips mit Hilfe der Musik

Die musikalische Phrase ist Ausdruck der grundlegenden musikalischen Idee, so wie beim Schreiben der Hauptsatz für das Verständnis des Inhalts Bedeutung trägt. Die Phrase in der Musik kreiert die Form, das Muster. Die erste Phrase im Leben ist der erste eigene Atemzug. Ist die Struktur dieser Phrase in uns fest verankert, so spürt unser Körper eine stärkere Stabilität. Die Phrase an sich repräsentiert das lineare und logische Denkmuster in der Musik.

Eine Übung ist, mit den Kindern bogenförmige Handbewegungen zur Musik zu machen, die den Fluss jeder einzelnen Phrase verfolgen. Eine andere Möglichkeit ist, sich die Kinder frei bewegen zu lassen und sie anzuregen, mit den Armen die Phrasen zu beschreiben – von unten nach oben – und dies im Gleichklang zum Fluss der Musik.

Kinder können die Phrasen auch an die Tafel oder auf ein großes Papier zeichnen. Achten Sie darauf, dass die Kreide oder der Pinsel, analog zur Phrase, in einem Strich gezogen und nicht abgesetzt wird.

Die Stimulation des emotionalen Prinzips mit Hilfe der Musik

Als grundlegenden Impuls für das Leben können wir unseren Herzschlag bezeichnen. Wenn wir unseren Herzschlag durch die Musik wahrnehmen, aktivieren wir das emotionale Prinzip und schaffen die Voraussetzung dafür, uns vielfältiger zu bewegen, denn Flexibilität wird dem emotionalen Prinzip zugeordnet. Ein guter Einstieg in den Sprachunterricht sind Lieder, Gedichte oder Reime, gern im Dreivierteltakt, der die rechte Gehirnhälfte anspricht und hilft, die Form und den Klang der Sprache im Langzeitgedächtnis zu bewahren. Das emotionale Prinzip ist an das Limbische System unseres Gehirns geknüpft. Hirnforscher sprechen hier vom Gefühls- und Erinnerungszentrum, das im Limbischen System zu finden ist.

Lassen Sie die Kinder zu einem schwungvollen Walzer tanzen und sich bewegen, wenn Sie ihre Energien aktivieren möchten oder wählen Sie eine etwas ruhigere Musik im Dreivierteltakt, wenn die Kinder zur Ruhe kommen sollen.

Die Stimulation des physischen Prinzips mit Hilfe der Musik

Wenn man das physische Prinzip aktivieren möchte, sind Vorwärtsbewegungen im Zweivierteltakt zu empfehlen. Der Zweivierteltakt ist die Urkraft, die in uns liegt. Der gleichmäßige Zweitakt regt zur Bewegung an und versetzt den Körper in Aktion. In allen Kulturen finden wir Arbeitslieder im Zweivierteltakt, denn er steht in einem natürlichen Verhältnis zum Rhythmus des Körpers.

Fordern Sie die Kinder auf, die Worte eines Liedes in Bewegung umzusetzen: den Anker einziehen, das Deck schrubben, Laub fegen. Geeignet sind Singspiele, bei denen die Kinder abwechselnd Bewegungen zu Text und Musik erfinden dürfen.

Bewegung

An anderer Stelle habe ich bereits Patricia Bracken erwähnt, die viele Jahre mit Sandra Seagal und David Horne zusammenarbeitete. Patricia Bracken ist Tänzerin, Bewegungstherapeutin und Lehrerin. Sie hat an der Entwicklung der drei Prinzipien in den Bereichen Tanz und Bewegung gearbeitet. Als Lehrerin befasste sie sich lange Zeit mit Schülern, die an Konzentrationsschwächen und Lernschwierigkeiten unterschiedlicher Art litten.

Sie half den Kindern, indem sie mit ihnen verschiedene sprachliche Ausdrucksmöglichkeiten übte, ihr Konzentrationsvermögen verbesserte und ihnen Zugang zu ihren Gefühlen vermittelte. Dazu entwickelte sie Unterrichtsmaterial, das Übungen in Form von Bildern, Worten und Bewegungsanleitungen enthält. Sie hat ihm den Namen *Metaphors are Fun* gegeben.

Patricia Bracken findet die Symbole für die drei Prinzipien im Reich der Natur. So nimmt sie zum Beispiel den hohen Berg für das mentale Prinzip, das Wasser für das emotionale Prinzip und schließlich den Baum für das physische Prinzip.

Der Berg steht für Struktur und Stabilität.

Das Wasser ist ein Bild für Gefühle und Flexibilität.

Der Baum symbolisiert Geduld und konkretes Handeln.

Achtzehn verschiedene Symbole hat Patricia Bracken für die drei Prinzipien gefunden. Man kann sich mit ihnen auseinandersetzen, indem man tanzt, sich bewegt, malt oder dramatisiert. Oder man arbeitet mit Sprache und schreibt Geschichten über sie oder gar Gedichte. Die Übungen können endlos variiert werden.

Ein Lehrer, der längere Zeit mit diesem Material gearbeitet hat, äußerte sich einmal: »Patricia Brackens Unterrichtsmaterial ist zu einem selbstverständlichen Bestandteil meines Unterrichts geworden. Man kann es überall anwenden. Wie muss sich wohl ein Baum fühlen? Der die Verantwortung für alle Blätter hat? Was bedeutet es für die Blätter durcheinander zu tanzen? Sich frei bewegen zu können, anstatt fest verwurzelt dazustehen und zuschauen zu müssen, was um einen herum passiert? Wie geht es dem Baum, der sowohl zufälligen Gästen als auch ständigen Bewohnern ein Zuhause bietet? Was bin ich? Wie fühle ich mich? Was kann ich?

Die Metaphern bilden zusammen mit der Vermittlung von Fachwissen, Experimenten und künstlerischem Arbeiten die pädagogische Bandbreite, die Kindern einen tiefen Einblick in das gewährt, was sie lernen können und auch, wer sie sind.«

Doch wie genau kann Bewegung mit den drei Prinzipien verknüpft werden? Patricia Bracken hat folgende Erklärung:

Das mentale Prinzip korrespondiert mit der Bewegungsrichtung Auf-Ab, das emotionale Prinzip mit der Seitwärtsbewegung und das physische Prinzip mit der Bewegung Vor-Zurück. Von dieser Grundlage ausgehend definiert Bracken drei Bewegungsebenen. Vertikal für das mentale Prinzip, horizontal für das emotionale und sagittal für das physische.

Sie veranschaulichen zudem Stabilität, Flexibilität und Beweglichkeit in der genannten Reihenfolge.

Manchmal bitte ich meine Zuhörer in einer Vorlesung, sich aufrecht hinzusetzen, sich auf dem Stuhl zu recken und sich den Raum über sich bewusst zu machen. Und mit einem Mal ist die Gruppe wieder viel mehr bei der Sache und kann sich auf das konzentrieren, was ich sage. Dann bitte ich sie, ihre Aufmerksamkeit auf die Horizontale zu richten, den Raum seitlich wahrzunehmen und gleichzeitig den Schwerpunkt des Körpers nach unten, zum Solarplexus, sinken zu lassen. Kurz darauf höre ich überall im Hörsaal Gemurmel, meine Zuhörer spüren den Impuls, miteinander in Kontakt zu treten. Es ist ganz offensichtlich, dass meine erste kleine Übung das mentale Prinzip anregt und die zweite das emotionale.

Die Stimulation des mentalen Prinzips durch Bewegung

Kinder, die Schwierigkeiten haben sich zu konzentrieren und schnell die Aufmerksamkeit verlieren, die zu impulsiv und zappelig sind, brauchen vermutlich Unterstützung ihres mentalen Prinzips. Sie müssen Stetigkeit lernen, die zwar in uns allen angelegt ist, aber nicht bei jedem gleichmäßig zum Ausdruck kommt. Unsere Konzentration und unsere Aufmerksamkeit werden geschärft, indem wir wie »brennende Kerzen« dasitzen, diese Vorstellung gab es zu allen Zeiten. Indem man Übungen macht, bei denen man sich in der vertikalen Ebene bewegt und Stabilität mit dem Körper trainiert, wird auch das mentale Prinzip unterstützt.

Es tut allen Kindern gut, das mentale Prinzip zu fördern, aber für Kinder mit einer emotional-physischen Dynamik ist es ein Pflichtprogramm. Sie müssen ihre Konzentration und ihre Fähigkeiten, etwas zu fokussieren, verbessern. Übungen, die der Stabilität dienen, helfen dem Kind, eine gewisse Distanz zu seiner Umgebung zu entwickeln.

Beispiele für Übungen: aus einem kleinen Samenkorn zu einer prachtvollen Blume wachsen, Regen spielen, der auf die Erde fällt, Obst von einem hohen Baum pflücken und es in einem Korb auf der Erde sammeln, sich nach den Sternen recken.

Den Körper leicht werden lassen und sich nach oben bewegen. Spielen, man sei ein Ballon oder eine Wolke. Erst ganz leicht sein, um dann groß und schwer zu werden. Lassen Sie die Kinder die Zwischentöne entdecken: vom »So-leicht-sein,-dass-man-kaum-noch-da-ist« zum »Wie-ein-Klotz-auf-dem-Boden-liegen«. Balance und Stabilität sind die Zauberworte!

Für physisch-emotionale Kinder ist es wichtig, das mentale Prinzip auszubilden, um besser selektieren und sich entscheiden zu können.

Die Stimulation des emotionalen Prinzips durch Bewegung

Es gibt Kinder, die Schwierigkeiten mit dem emotionalen Prinzip haben. Sie tun sich schwer, mit anderen Kontakt aufzunehmen, ihre eigenen Gefühle wahrzunehmen und ihnen Ausdruck zu verleihen oder ihre Kreativität frei zu entfalten. Möglicherweise müssen sie auch üben, flexibler zu werden. Mit Bewegungen, die sich auf der horizontalen Ebene abspielen, also seitwärts, und mit Übungen, in denen es darum geht, bestehende Muster zu durchbrechen, regt man das emotionale Prinzip an.

Es kann verschiedene Gründe haben, warum dieses Prinzip Unterstützung braucht, doch wir wissen, dass es das dritte Prinzip bei Personen mit mental-physischer und physisch-mentaler Dynamik darstellt. Für sie sind diese Übungen besonders wichtig.

Es gibt zahlreiche Beispiele dafür, wie wir uns für das emotionale Prinzip durch Bewegungen in horizontaler Ebene öffnen, man denke nur an das beliebte Schunkeln bei großen Festen. Das hebt die Stimmung und fördert die Kommunikation.

Einige Vorschläge für Übungen in horizontaler Ebene: Das Kind soll einen Baum spielen, der sich im Wind wiegt. Einen Reifrock oder Petticoat anziehen. Von einer zur anderen Seite Walzer tanzen.

Wenn wir ganz bewusst Muster unterbrechen, üben wir uns flexibel zu verhalten. Geben sie den Kindern die Aufgabe, wie ein Bach zu sein, der in eine bestimmte Richtung plätschert. Plötzlich kommt ein Hindernis und die Kinder müssen ganz schnell die Richtung ändern.

Die Stimulation des physischen Prinzips durch Bewegung

Wenn Kinder Probleme mit dem physischen Prinzip haben, äußert sich das zum Beispiel darin, dass sie nur schwer eine Aufgabe zu Ende bringen, sich schlecht an Regeln halten, Verantwortung übernehmen oder aktiv sein können.

Für sie sind Übungen angebracht, bei denen sie sich vorwärts bewegen und anhalten. Durch Training auf der sagittalen Ebene, nämlich vor und zurück, unterstützen wir das physische Prinzip. Dies tut allen Kindern gut, doch für Kinder mit emotional-mentaler Dynamik hat so ein Training besondere Bedeutung. Geduld beweisen, eine Aufgabe zu Ende bringen, die typischen Aspekte des physischen Prinzips sind für diese Kinder meist ein Problem. Sie neigen dazu, neue und spannende Dinge, die sie noch nicht kennen, vorzuziehen und tun sich schwer mit Routine.

Passende Übungen sind zum Beispiel: wie die Drachen kämpfen, schaukeln, in einer Mannschaft rudern, Volkstänze tanzen.

Auch unser Verhältnis zur Zeit liegt im physischen Prinzip begründet. Das kann sich darin äußern, dass wir die Zeit als unendlich empfinden, als hätten wir immer Zeit, als gehe sie nie zu Ende. Oder umgekehrt: das Gefühl, nie Zeit zu haben. Eine passende Übung hierfür ist, die Kinder zuerst ganz schnelle kreisende Bewegungen im Raum ausführen zu lassen und dann zu langsamen, ruhigen überzugehen. Danach kann man wieder zum schnellen Tempo wechseln. Weitere Übungen sind: schön gleichmäßig in einem langsamen Takt gehen, so tun, als sei man eine Boje im Wasser, eine Schildkröte oder als unternehme man einen Weltraumspaziergang.

Gefühle ausdrücken

Ich möchte noch einmal auf das emotionale Prinzip zu sprechen kommen, das mitunter sogar bei den emotional zentrierten Kindern qualitativ weiterentwickelt werden sollte. Es liegt in unserer Kultur begründet, dass wir versuchen, den »Schein zu wahren«, einfach nicht preiszugeben, was wir wirklich fühlen. Auch wenn es uns richtig schlecht geht, antworten wir auf die Frage, wie es uns gehe, meistens noch: »Danke, gut«.

Zufällig sah ich in einer Fernsehshow, wie eine Frau einen Gefühlsausbruch bekam, mit der Faust auf den Tisch schlug und vor Wut richtig losschrie. Alle Kommentare zu dieser Szene betonten, wie peinlich es gewesen sei, dass diese Frau so sehr die Fassung verloren habe. Wenn wir jemanden weinen sehen, ist unser erster Impuls, ihn in den Arm zu nehmen und zu sagen: »Du musst doch nicht weinen, es wird gleich alles wieder gut.« Gefühlsausbrüche sind uns unangenehm. »So große Jungen weinen doch nicht«, hören wir uns sagen. Aber warum eigentlich?

Für emotional-physische Menschen, egal ob Kinder oder Erwachsene, kann es zum Trauma werden, wenn sie dazu erzogen wurden, Gefühle zu unterdrücken. Wenn ihnen vermittelt wurde, Gefühle seien ein Ausdruck für fehlendes Gleichgewicht und sollten ignoriert werden. Ein Kind erlebt dadurch, dass etwas in ihm, das tief verankert ist, nicht respektiert wird. Da es auch ein Charakteristikum dieser Menschen ist, den Erwartungen, die die Umwelt an sie stellt, immer entsprechen zu wollen, sie glücklich zu machen (Mutter und Vater), werden die eigenen Gefühle hinter Gitter gesperrt, bis man sie nicht mehr sieht.

Ich erinnere mich an eine Frau, die ich vor vielen Jahren in Israel kennenlernte. Sie machte bei mir eine fünftägige Fortbildung. Sie war der Meinung, ihre Persönlichkeitsdynamik sei mental-physisch, so benahm sie sich auch – nach dem was ich kannte –, aber dennoch hatte ich das Gefühl: irgendetwas stimme nicht. Ich beobachtete sie Tag für Tag, aber kam nicht darauf, wo »der Fehler lag«.
Am letzten Tag kam ihr Vorgesetzter zu Besuch. Ihre Unterhaltung beim Mittagessen zeigte deutlich, dass ihr Verhältnis nicht das beste war. Sie war nervös, fuhr sich durch die Haare, verschränkte die Arme vor dem Oberkörper und hatte einen traurigen Blick. Da wusste ich, was los war: die Frau war nicht mental-physisch, sondern emotional-physisch zentriert!

Nach dem Essen sprach ich sie darauf an. »Ja, darüber habe ich auch schon nachgedacht, das kann tatsächlich sein«, war ihre Antwort.

Sie erzählte daraufhin von ihrer Kindheit bei einer deutschen Familie, die sehr intellektuell war und Gefühle unter den Teppich kehrte. Es war unanständig, Gefühle zu zeigen. »Ich kann mich nicht erinnern, jemals bei meinem Vater auf dem Schoß gesessen zu haben«, sagte sie. Vor vielen Jahren zogen sie nach Israel um, wo sie die Schule besuchte. Sie passte sich an, weil sie Bestätigung suchte, sich wohlfühlen wollte und um die Liebe ihrer Eltern kämpfte: sie ignorierte ihre Gefühle und versuchte, sie auszuschalten.

Stattdessen wurde sie Klassensprecherin, kümmerte sich anrührend um ihre kleinen Geschwister, wurde eine perfekte Sekretärin, die immer alles im Griff hatte, auch ihre Gefühlswelt. Sie leistete viel, aber hatte sich immer unter Kontrolle. Sie lebte nicht ihr Leben. Wir sprachen lange darüber, wie wichtig es gerade für emotional-physische Menschen ist, ihre Gefühle ernst zu nehmen, sie anzuerkennen und authentisch zu leben.

Wie oft habe ich noch an sie denken müssen und mir gewünscht, dass sie ihren Weg zu sich selbst gefunden hat.

Die emotional-physischen Jungen oder Männer haben es in unserer Kultur ebenfalls nicht leicht. Wenn man sich ein bisschen flapsig über typisch weibliches Verhalten auslässt, dann betrifft das meistens die emotional-physische Dynamik. Aber welcher Junge möchte schon als weiblich gelten? Was ist die Folge? Jungen unterdrücken ihre Gefühle und versuchen, die Erwartungen der Gesellschaft an sie zu erfüllen.

Als meine Schüler in die sechste Klasse kamen, war es deutlich zu sehen, wie die emotional-physischen Jungen sich anstrengten, die Anforderungen zu erfüllen. Wenn sie Filme im Fernsehen oder auf Video anschauten, trafen sie auf eine Welt, die vermittelte, dass Männer hart und stark sein müssten und keine Gefühle zeigen dürften. Weil ihre Dynamik sie so sehr von der Akzeptanz ihrer Umgebung abhängig macht, deren Bestätigung sie so sehr brauchen, kostete es sie unglaublich viel Kraft, den anderen klarzumachen, dass diese Maximen veraltet waren. Wie oft habe ich mich zu ihnen gesetzt und mit ihnen darüber gesprochen, dass es wichtig ist, sich selbst treu zu bleiben, die eigenen inneren Bedürfnisse wahrzunehmen und sich zu erlauben, Gefühle zu spüren und auch zu zeigen. Wenn sie manchmal zu derb waren im Umgang miteinander, sagte ich zum Beispiel: »Patrik, du bist doch gar nicht so einer, und ich glaube, dass du dich in dieser Rolle auch nicht besonders wohlfühlst, wenn du dich so benimmst. Gib zu, im Grunde geht es dir ganz anders, oder?« Und dann erläuterte ich kurz die wichtigsten Merkmale der emotional-physischen »Seite«. Und zum Schluss sagte ich: »Patrik, sei einfach der Mensch, der du bist, du bist ein toller Typ und hast es nicht nötig, so zu tun, als seiest du jemand anders.«

Wir müssen lernen, unsere Gefühle zu verstehen und uns trauen, sie zu zeigen, unabhängig von unserer Dynamik. Wenn wir das schaffen, werden wir entdecken, wie wertvoll Gefühle sind und wie sie unser Leben bereichern. Indem wir unsere Gefühle sichtbar machen und sie benennen, können wir auch mit ihnen umgehen und sie besser einordnen. Wir können üben, sie treffender zu beschreiben. Was heißt es, wenn wir wahnsinnig glücklich oder schrecklich müde sind?

In der Schule, in der ich meine ersten Erfahrungen mit Human Dynamics machte, hatten wir Schüler aus unterschiedlichen Kulturen, mit verschiedenen Sprachen und Religionen. Da für die meisten von ihnen Schwedisch nicht ihre Muttersprache war, war auch ihre Möglichkeit, sich auf Schwedisch auszudrücken, begrenzt. Die Lehrer mussten oft nach ganz einfachen Begriffen suchen, damit die Schüler sie verstanden. Die meisten von ihnen waren – wie auch in unserer Gesellschaft – emotional-physisch zentriert, also Kinder, die jede Menge Gefühle besaßen, sie aber nicht ausdrücken konnten. Was taten sie also, da ihr Körper voller Emotionen war? Klar, sie rannten durchs Klassenzimmer, wälzten sich auf dem Boden, schlugen sich und schrien. Ihre Gefühle liefen über, sie waren unruhig, ihnen fehlte das Ventil. Als Sandra Seagal sich diese Klasse ansah, sagte sie: »Ihr müsst diesen Kindern eine Sprache für ihre Gefühle an die Hand geben, damit sie mit Worten beschreiben können, was in ihnen vorgeht.«

Wir begannen verstärkt daran zu arbeiten. Ich stelle hier ein paar der Übungen vor, die wir einsetzten. Es ist wichtig, dass wir als Pädagogen und Erwachsene mit den Kindern über unsere eigenen Gefühle sprechen. Kinder müssen erfahren, dass auch wir Freude, Angst oder Enttäuschung empfinden, ebenso wie sie selbst.

Wenn wir mit den Kindern die »Sprache für Gefühle« trainieren, tun wir das, um ihnen eine Möglichkeit zu geben:
– sich ihrer eigenen Gefühle und der der anderen bewusst zu werden
– die Bedeutung ihrer Gefühle zu verstehen
– Gefühle zu befreien, die an negative Erlebnisse gekoppelt sind.

Ballspiel

Setzen Sie sich mit den Kindern (8–10) in einen Kreis. Während Sie den Ball zu einem Kind rollen lassen, sagen Sie: »Ich bin glücklich, wenn …« Das Kind nimmt den Ball an und rollt ihn wiederum zu einem anderen Kind im Kreis, indem es auch sagt, was es glücklich macht. Jedes Kind soll an die Reihe kommen.

Der nächste Schritt könnte heißen: »Ich bin traurig, wenn …«

Der Ball hilft den Kindern zu entspannen, und wenn er langsam durch den Kreis rollt, trauen sich auch die stillen Kinder mitzumachen und auch jene, die mehr Zeit für eine Antwort brauchen, haben eine Chance.

Gesprächsübung

(Dies ist keine Einstiegsübung. Man kann sie einsetzen, wenn die Kinder bereits andere, einfachere Übungen gemacht und sich mit ihren Gefühlen schon auseinandergesetzt haben.) Achten Sie darauf, dass die Gruppe nicht zu groß ist und dass ein gewisses Grundvertrauen besteht. Es ist ratsam, mit einer Entspannungsübung zu beginnen. Falls Sie Hintergrundmusik einsetzen möchten, empfiehlt sich Chopin.

Fordern Sie alle Kinder der Reihe nach auf, zu einer oder mehreren dieser Fragen Stellung zu nehmen:

Wann mag ich mich selbst am liebsten?

Wann mag ich mich überhaupt nicht?

Wann freue ich mich und wann bin ich glücklich?

Wann bin ich böse?

Wann bin ich traurig?

Assoziationen

Die Gruppe sitzt im Kreis. Einer beginnt, indem er ein Wort sagt, das Gefühle beschreibt, zum Beispiel Liebe. Der nächste spricht ein Wort aus, das ihm spontan in den Sinn kommt, das er mit »Liebe« assoziiert. So geht es reihum, bis jeder ein Wort gesagt hat. Man kann die Übung vertiefen, indem man die Inhalte anschließend malt oder anders künstlerisch gestaltet.

Bilder

Wieder sitzen die Teilnehmer im Kreis. In der Mitte liegen ebenso viele verdeckte Bilder wie Personen. Einer beginnt, indem er ein Bild umdreht und beschreibt, was das Bild für ein Gefühl in ihm auslöst. Wenn er fertig ist, dürfen auch die anderen in der Gruppe ihre Gefühle äußern.

Kommunikation

Die folgende Kommunikationsübung ist sowohl für Kinder (zum Beispiel für eine Schulklasse) als auch für Erwachsene gedacht.

Dabei üben wir, einander zuzuhören, unsere Phantasie und unser Wissen einzusetzen und mit anderen zusammenzuarbeiten und gemeinsam Entscheidungen zu treffen.

Dies impliziert, dass wir ganz bewusst alle drei Prinzipien anwenden: das mentale, das emotionale und das physische.

Wir benötigen: verschiedenfarbiges Tonpapier (20 x 30 cm), Kleber, Kreide, Schere, Tesafilm, Pfeifenputzer, auseinandergenommene Wäscheklammern und vielleicht Pailletten und Stoffreste.

1. Jeder wählt ein Tonpapier aus. Bitten Sie die Teilnehmer, eine Figur auszuschneiden (sie darf auch vorher aufgezeichnet werden). Dabei sollten sie möglichst wenig Pappe wegschneiden.
2. Fordern Sie die Teilnehmer nun auf, die Figur dreidimensional zu gestalten. Dazu können sie Kleber, Tesa und das übrige Material verwenden.
3. Der nächste Schritt ist, dass die Teilnehmer folgendes Blatt ausfüllen sollen, das sie vom Spielleiter bekommen.

Wie heißt die Figur?
Wie alt ist sie?
Geschlecht:
Beruf:
Geburtsland:
Die Figur mag …
Die Figur hasst …

4. Dann bilden Sie Gruppen mit je fünf bis sechs Personen. Diese Gruppen setzen sich an einen Tisch und jeder stellt seine Figur vor. Es ist wichtig, dass die Zuhörer sich möglichst viel von dem merken, was die anderen erzählen. Wenn alle an der Reihe waren, bekommt jede Gruppe ein großes weißes Papier mit folgender Anweisung:

Dieses weiße Papier ist ein völlig neues Land. In dieses Land sollen eure Figuren ziehen. Baut nun euer Land und denkt an die unterschiedlichen Bedürfnisse und Voraussetzungen eurer Figuren. Benutzt all das Material, das ihr für nötig haltet.

Diskutiert drei Gesetze oder Regeln, die in eurem Land gelten sollen. Legt gemeinsame Wertmaßstäbe fest.

Gebt dem Land einen Namen. Wählt einen in der Gruppe, der Bürgermeister sein und das Land gegenüber den anderen Gruppen vertreten soll. Die Übung endet damit, dass jede Gruppe ihr Land präsentiert.

Planen Sie für diese Übung bis zu zwei Stunden ein. Es ist wichtig, für jede Aufgabe genügend Zeit zu haben. Erwachsene schaffen es, diese Übung in einem Durchgang zu machen, für Kinder bietet es sich an, sie in zwei Einheiten zu teilen. Man beginnt dann mit der Erfindung der Figur und beschäftigt sich im zweiten Teil mit dem Bau des Landes.

Visualisierung

Visualisierung ist ein innerer Prozess, der unsere kreative Phantasie mit Gedanken und konkretem Handeln verbindet. Es ist ein wunderbares »Werkzeug«, um alle drei Prinzipien zu fördern. Zudem haben wir eine wertvolle Methode, wenn es darum geht, unser Innenleben oder das unserer Kinder sichtbar zu machen. Meist beurteilen wir Kinder danach, was wir von ihnen sehen, hören und wie wir sie erleben, wir stellen fest, was sie können oder wie sie sich in ihrem sozialen Umfeld verhalten. Aber es gibt noch so viel mehr.

Visualisierungsübungen haben nichts mit Psychotherapie zu tun, sie sind nichts Unnatürliches oder Fremdes. Dahinter steht allein die Absicht, sich durch das Heranholen unserer inneren Bilder, die auf vergangene Erlebnisse zurückgehen, neue innere Bilder zu kreieren.

Beginnen Sie immer mit einer Entspannungsübung, damit die Teilnehmer zur Ruhe kommen und sich öffnen. Bitten Sie sie, die Augen zu schließen und zuzuhören, wenn Sie ihnen die Aufgabe stellen.

Stell dir vor, du bist ein Clown, der Spaß macht.

Stell dir vor, du bist in deinem Zimmer, was befindet sich dort, was fällt dir auf?

Reden Sie nach jeder Übung mit den Teilnehmern über ihre Erfahrungen und geben Sie ihnen die Möglichkeit, sich in Worten oder Bildern auszudrücken.

Ich stelle Ihnen nun eine Visualisierungsübung vor, die aus drei Teilen besteht. Im ersten Teil stimulieren wir das mentale Prinzip, im zweiten, einer Paarübung, das emotionale, und im dritten Teil, einer Gruppenübung, das physische Prinzip.

Beginnen Sie wieder mit einer Entspannungsübung. Fordern Sie die Teilnehmer auf, die Augen zu schließen und eine bequeme Sitzhaltung einzunehmen.

Teil 1

Stell dir vor, du befindest dich auf einer weiten Wiese. Dort siehst du einige Heißluftballons, die sich gerade auf die Reise machen wollen. Du suchst Dir einen aus und springst hinein. Der Ballon hebt ab und steigt auf, bewegt sich ruhig und gleichmäßig dem Himmel entgegen. Immer höher. Was ist das für ein Gefühl, so weit oben, hoch über dem Erdboden? Welche Worte kommen dir in den Sinn? Welche Gedanken? … Jetzt verliert der Ballon langsam wieder an Höhe und nach einer Weile landet er sanft auf der Wiese. Du steigst aus dem Korb und kommst wieder bei uns an.

Welche Worte sind dir bei der Reise gekommen? Der Lehrer schreibt sie an die Tafel oder auf das Flipchart. Jeder kann seine Worte nennen. Häufig kommen Begriffe wie Freiheit, Ruhe, Stille, Raum, Unendlichkeit, Perspektive.

Teil 2

Die Teilnehmer sollen sich als Paare zusammenfinden und gemeinsam ein freies Gedicht anhand der Worte schreiben, die an der Tafel stehen.

Teil 3

Anschließend bilden jeweils zwei Paare eine Gruppe à vier Teilnehmer. Jetzt bekommen sie die Aufgabe, die beiden Gedichte von Teil 2 konkret zu veranschaulichen. Dazu können sie ein großes Bild malen oder etwas bauen, das dreidimensional ist.

Am Ende präsentiert jede Gruppe das Ergebnis ihrer Arbeit.

Konzentrationsübung

Beginnen Sie mit einer kurzen Entspannungsübung. Bitten Sie dann die Kinder, sich möglichst gerade hinzusetzen, aber so, dass es noch bequem ist. Dann sollen sie die Augen schließen und sich den Raum vorstellen, der über ihnen ist. Sie können zum Beispiel so tun, als seien sie ein Prinz oder eine Prinzessin und an die Krone auf ihrem Kopf denken. Fordern Sie sie dann auf, die Musik, und zwar ein Stück von Paganini, mit ihrem ganzen Körper aufzunehmen. (Paganini ist einer der Komponisten, die die Ausprägung des mentalen Prinzips unterstützen.)

Wenn die Musik verstummt, halten Sie noch eine Weile inne und lassen Sie die Kinder berichten, was sie bei dieser Übung empfunden haben.

Entspannung bringt uns unseren Gefühlen näher

Als Sandra Seagal und David Horne zum ersten Mal in unsere Schule kamen und sich unsere unruhigen Erstklässler anschauten, gaben sie uns die Empfehlung, mit Entspannungstechniken zu arbeiten. In diesem Herbst wurde mir klar, wie unglaublich wichtig es für Kinder ist, ihre inneren Spannungen loszuwerden.

Es gibt viele Arten, sich zu entspannen und man kann heute zahlreiche CDs mit Übungen kaufen, bei denen es um muskuläre und mentale Entspannung geht. Man muss einfach herausfinden, welche Aufnahmen einem selbst oder den Kindern am besten gefallen. Wenn man diese Übungen täglich macht und nicht nur sporadisch, wird man ungeahnte Wirkungen feststellen. Es kostet nichts, hat keine Nebenwirkungen und ist ein wunderbares Mittel für aktives Zuhören und zum Lernen. Denn wenn wir richtig entspannt sind, können wir auch gut zuhören und sind aufnahmefähig zu lernen. Nach einer gewissen Zeit werden Entspannungsphasen in die Persönlichkeit integriert, sodass wir die Energie, die wir bräuchten, um die Anspannung aufrechtzuerhalten, viel zielgerichteter einsetzen können.

Heutzutage ist die Rede davon, dass Kinder unter Stress stehen und viel unruhiger sind als früher. Mediziner haben schon bei Zehnjährigen Diabetes und Verkalkung diagnostiziert. Ist vielleicht eine der Ursachen die Tatsache, dass unsere Kinder nie zum Entspannen kommen, jedoch ihr Adrenalinhaushalt ständig auf Hochtouren läuft? Vor vielen Jahren war ich bei einem Vortrag eines Kinderpsychologen, der vom stressgeplagten Alltag der Kinder sprach. Eines seiner Beispiele hat sich in meine Erinnerung eingebrannt: Während der Römerzeit wurden die Menschen vom Blei in den Aquädukten vergiftet. Wenn wir nicht aufpassen, erleben wir heute das Gleiche mit unserem Adrenalinsystem. Wir lassen unsere Kinder nie innehalten, es darf ihnen nie langweilig sein. Langeweile hin und wieder tut Kindern gut, sie müssen nicht pausenlos in Betrieb sein.

Als ich Kind war und nach der Schule zu meiner Mutter nach Hause kam, konnte ich ganz in Ruhe meinen Kakao trinken und mein Brötchen essen. Ich konnte mich mit mir allein beschäftigen, wenn ich es wollte, und meine Gedanken schweifen lassen. Wann können Kinder das heute noch? Morgens besuchen sie eine Vorschule oder Schule. Sie sind in eine Gruppe eingebunden. Sie sind ununterbrochen aktiv. Nach der Schule sind sie in der Kernzeitbetreuung und dann fällt noch die ein oder andere Freizeitbeschäftigung an. Wenn sie wieder zu Hause sind, stehen Hausaufgaben oder Essen auf dem Programm, manche sehen auch fern. Aber wann unterhalten sich die Kinder mit Mama oder Papa? Wann haben die Kinder Zeit, einfach nur da zu sitzen und nichts zu tun und nur die Gedanken fließen zu lassen?

Wenn Kinder keine Gelegenheit erhalten, sich zurückzuziehen und wenn Ruhe zur Mangelware wird, geraten sie leicht unter Stress. Dieser Stress äußert sich in Hyperaktivität, weil den Kindern selbst gar nicht bewusst ist, wie sie Ruhe finden und sich entspannen könnten. Dabei brauchen sie die Hilfe von uns Erwachsenen.

Entspannungsübung

Die Kinder sitzen auf ihren Stühlen, möglichst gerade, sodass es noch bequem ist. Fordern Sie sie auf, tief einzuatmen, bis in den Bauch hinunter, und dann die Luft durch Nase und offenen Mund wieder hinausströmen zu lassen. Vielleicht lassen Sie die Kinder dies mehrmals tun. Gehen Sie dann schrittweise vor und beginnen Sie wie folgt: »Fühlt es sich so an, als hättest du etwas Schweres in deinem Kopf, hinter den Augen, auf dem Kopf, dann versuch mal, die Spannung durch den Körper fließen zu lassen, bis in den Boden.«

Ebenso verfahren Sie mit dem Gesicht, dem Hals, dem Nacken und den Schultern.

Wenn der ganze Körper zur Ruhe gefunden hat, nehmen Sie sich die Gedanken vor: »Lass die Gedanken, die durch deinen Kopf schwirren, einfach verschwinden, wie weiße Wolken an einem blauen Himmel. Die eine nach der anderen segelt fort, bis der Himmel völlig klar ist.« Machen Sie es mit den Gefühlen ebenso: »Stell dir vor, du bist ein stiller, tiefer See.«

Spielen Sie den Kindern dann ein Musikstück vor, das sehr sanft und gleichmäßig ist. Keine großen emotionalen Wechsel, vielleicht Johann Sebastian Bachs Air.

Simon ist mit seiner Familie am Strand. Auch seine Großeltern und sicher noch hundert andere Menschen sind dort, um diesen herrlichen Sommertag zu genießen. Simons Konzentration ist flatterhaft, er sieht und hört alles, nimmt aktiv an Gesprächen teil und möchte, dass es allen gut geht. Er übernimmt schnell die Gefühle seiner

Umgebung und bezieht alles auf sich, so wie es emotional-physische Kinder typischerweise tun. Nach einer Weile ist Simon richtig aufgedreht. Da nimmt seine Mutter ganz ruhig die Decke, auf der sie sitzt, und legt sie über sich und Simon. So sitzen sie eine Weile und als sie irgendwann wieder den Kopf heraus stecken, frage ich sie, was sie unter der Decke gemacht haben.

»Wir haben eine kleine Entspannungsübung gemacht, weil Simon viel zu aufgedreht war. Ich habe uns mit der Decke geschützt, weil er es manchmal nicht allein schafft, seine Umgebung abzuschirmen.«

Ist es nicht wunderbar, wenn eine Mutter weiß, was ihr Kind gerade braucht und ihm helfen kann, ohne es zu bewerten oder zu verurteilen?

Lernumgebungen

Mittlerweile gibt es Pädagogen, die bei der Gestaltung der Räumlichkeiten ihre Kenntnisse über Human Dynamics nutzen und im Klassenzimmer verschiedene Bereiche den Bedürfnissen der Kinder entsprechend einrichten.

Da gibt es zum Beispiel die Rückzugsecke, in der man still allein arbeiten kann, entweder mit PC oder einfach an den Büchern. Die Kinder lesen zuerst oder schauen sich etwas an. Hier sind sie abgeschirmt von dem Geschehen im Klassenzimmer und haben ihre Ruhe. Das ist der Raum, der dem mentalen Prinzip entspricht.

In einem anderen Teil, das kann auch außerhalb des Klassenzimmers sein, steht eine Sitzgruppe, die die Kinder selbst so angeordnet haben, wie sie es einladend finden. Dort wollen sie diskutieren und in der Gruppe arbeiten. Hier beginnt man mit der Arbeit, indem man zuhört und über ein Thema redet – also ein Raum, der das emotionale Prinzip anspricht.

Der dritte Bereich ist für das kreative Gestalten gedacht. Hier haben die Kinder die Möglichkeit zu experimentieren und Dinge auszuprobieren, zugleich können sie sich zwischen Gruppenarbeit und Einzelarbeit entscheiden. Mit Blick auf die physisch zentrierten Kinder sollte das gesamte Material zugänglich sein, damit die Kinder es anfassen und anschauen können, bevor sie sich entscheiden. Diese Lernumgebung ist auf das physische Prinzip ausgerichtet.

Nun ein Beispiel, wie sich eine Gruppe Schüler dem Thema »Vom Samen zur Pflanze« näherte. Die Kinder waren zwischen sechs und acht Jahre alt.

Am Anfang standen eine Einleitung ins Thema für alle sowie ein gemeinsamer Ausflug in ein Gewächshaus, um für die Schüler den Stoff »erfahrbar« zu machen.

Bei allen Unterrichtseinheiten achtete man darauf, das mentale, das emotionale und das physische Prinzip anzusprechen. So verschaffte man den Kindern einen Überblick, was bei diesem Thema inhaltlich bearbeitet würde, gab ihnen Gelegenheit, über den Stoff zu reden und band zudem ein konkretes Erlebnis im Gewächshaus ein.

Emotional-physische Persönlichkeitsdynamik:

– Zur Einleitung stellt der Lehrer verschiedene Blumen vor.
– Die Kinder dürfen eigene Erlebnisse, die sie mit dem Thema verbinden, schildern.
– Sie hören zu und entwickeln ihre Arbeit Schritt für Schritt in Form einer Gruppenarbeit weiter.

- Die Kinder benötigen evtl. am Anfang Unterstützung, wenn sie den Stoff strukturieren müssen.
- Ein klar festgelegter Zeitrahmen setzt die Grenzen für die Arbeit.
- Der Lehrer gibt den Kindern immer wieder Feedback und lobt ihr Engagement mit positiv verstärkenden Kommentaren.
- Die Schüler bekommen Gelegenheit, sich zu bewegen oder körperlich tätig zu sein.

Arbeitsmaterial: Es wird sehr viel verschiedenes Material angeboten, z. B. Papier, Stoff, Holz- und Bastelmaterial.

Entwicklungsziel: Das mentale Prinzip einüben und stärken.

Spiel/Bewegung: Eine Blume wächst aus dem Boden, Marionette spielen, wie ein Hampelmann hüpfen (Übungen auf der vertikalen Ebene).

Musik: Konzentration, Balanceübungen.

Bild und Form: Verschiedene Aufgaben, bei denen die Kinder ausschneiden und aufkleben, Stillarbeit.

Sprache und Bildsprache: Visualisierungsübungen.

Auswertung: Es wird ein Spiel/Theaterstück über die Blumen im Garten inszeniert.

Emotional-mentale Persönlichkeitsdynamik:

- Bieten Sie den Kindern eine andere Lernsituation an, als Sie für die Einleitung ins Thema und bei der Darstellung der Fakten gewählt haben.
- Die Schüler dürfen selbst auswählen, was sie untersuchen möchten. Erfinden Sie ein Labor. Vielleicht möchten die Kinder eine Blume untersuchen oder verfolgen, wie ein Samen sprießt.

- Geben Sie den Kindern Raum, um eigene Entdeckungen zu machen – sprechen Sie ihren Forschergeist an!
- Lassen Sie die Schüler in Gruppen und einzeln arbeiten.

Entwicklungsziel: Das physische Prinzip zu stärken und zu fördern.

Spiel/Bewegung: Laub zusammenkehren, spielen, man sei ein Traktor, der geradeaus und wieder rückwärts in einer Linie fährt (Bewegung auf der sagittalen Ebene, vor-zurück).

Bild und Form: Gruppenaufgabe, z. B. einen Garten im Sandkasten anlegen. Gemeinsam mit anderen Samen in einen Balkonkasten einstreuen. Üben, den anderen Freiraum zu lassen.

Sprache: In der Gruppe nach Worten suchen, die die Arbeit im Garten beschreiben. Man kann sie aufschreiben oder in Bildern veranschaulichen.

Auswertung: Verschiedene Formen der Präsentation, für die sich die Kinder selbst entscheiden dürfen. Sie können andere Kinder Experimente machen lassen oder in Form von Texten oder mündlicher Zusammenfassung ihre Ergebnisse darstellen.

Physisch-mentale Persönlichkeitsdynamik:

- Nach der gemeinsamen Einführung und Vermittlung des Basiswissens geben Sie den Kindern Büchertipps zum Thema und Bilder, die sie sich anschauen können, bevor sie loslegen. Die Kinder möchten gleich einen Zugang zum Thema haben.
- Machen Sie die Zielsetzung deutlich.
- Lassen Sie die Kinder einen Arbeitsplan aufstellen, der möglichst bei einer Arbeitsweise bleibt. Am besten ist, wenn er ganz penibel eingehalten wird.

- Die Schüler dürfen sich selbst aussuchen, in welchem Bereich sie den Lernstoff vertiefen möchten und legen auch selbst die Größe ihrer Arbeitsgruppe fest.
- Geben Sie ihnen die Möglichkeit, sich in einzelne Bereiche zu vertiefen.
- Lassen Sie ihnen genügend Zeit, das Thema zu Ende zu bringen.

Entwicklungsziel: Das emotionale Prinzip zu stärken und zu fördern.

Spiel/Bewegung: Walzer tanzen, zu zweit oder allein. Flexibilität üben, ein Muster durchbrechen, indem man spielt, man sei eine Biene, die ziellos von Blume zu Blume fliegt, hin- und herrennen, wobei die Richtung ständig geändert wird.

Musik: Verschiedene gefühlsbetonte Musik, z. B. der »Walzer der Blumen« von Tschaikowsky aus dem »Nussknacker«, zuhören und erzählen, welche Gefühle die Musik weckt. Gruppenarbeiten.

Theater: Nach einer Aufgabenstellung in der Gruppe oder allein ein Theaterstück erfinden, Scharaden, Kasperletheater.

Auswertung: Mündliche Präsentation unter Zuhilfenahme von Bildern, Karten und Diagrammen.

Physisch-emotionale Persönlichkeitsdynamik:

- Vorschlag zur Vertiefung: Die Kartoffel (um sich ein Beispiel herauszugreifen).
- Geben Sie den Kindern verschiedene Kartoffelsorten zum Betrachten und Anfassen. Sie können die Kartoffeln
  schälen,
  kochen,

braten,

backen,

- am Ende testen: Welche hat am besten geschmeckt?
- Geschichte: Wie die Kartoffel in unser Land kam (Land-karten, Globus, Poster)

pflanzen,

pflegen und wässern,

ernten.

Entwicklungsziel: Das mentale Prinzip stärken und unterstützen.

Spiel/Bewegung: »Ich hol mir eine Leiter«, Äpfel pflücken und in den Korb legen (Bewegungsmuster auf der vertikalen Ebene).

Bild/Form: Eine Kartoffel malen.

Musik: Ernte- und Arbeitslieder mit Bewegungen.

Sprache: Bilder von Gärten anschauen und darüber reden. Lassen Sie die Kinder beschreiben, was sie sehen. Geben Sie ihnen Zeit – das Nachdenken ist ein innerer Prozess!

Auswertung: Eine Ausstellung.

Mental-physische Persönlichkeitsdynamik:

- Die Kinder möchten zunächst einen Überblick gewinnen und wissen, was auf dem Programm steht. Zeigen Sie ihnen die verschiedenen Samentütchen.
- Sie säen, pflanzen, gärtnern usw. (einzeln oder in Klein-gruppen).
- Sie bekommen ausreichend Zeit, ihre Erfahrungen zu ver-arbeiten.
- Sie werden bei ihrer Arbeit nicht unterbrochen.
- Der Lehrer ist bei Fragen jederzeit ansprechbar.

Arbeitsmaterial: Bücher, Zeitungen, Bilder, Filme und Multimedia.

Entwicklungsziel: Das emotionale Prinzip unterstützen und fördern.

Spiel/Bewegung: Flexibilität trainieren, Muster durchbrechen mit dem Bienenspiel (wahllos umherfliegen, von Blume zu Blume, Bewegung auf der horizontalen Ebene).

Bild/Musik: Zu einem Musikstück im Dreivierteltakt ein Bild malen, z. B. der »Walzer der Blumen« von Tschaikowsky.

Sprache: Spachstile erarbeiten. Wortspiele, Reime und Singspiele.

Auswertung: Die Kinder produzieren ein Ergebnis und präsentieren es vor der Gruppe.

Gruppenarbeit

Ende der sechziger und Anfang der siebziger Jahre wurde Gruppenarbeit in den schwedischen Schulen sehr populär. Nun wurde überall in Gruppen gelernt und das war die Zauberformel für besseres Lernen in der Schule.

Erst in den letzten Jahren haben wir eingesehen, dass damit gewisse Bedingungen verbunden sind, wir können nicht einfach gute Ergebnisse aus heiterem Himmel erwarten. Zusammenarbeit und das Zusammenspiel in einer Gruppe müssen gelernt werden, und diese Kunst ist Voraussetzung für gelungene Kooperation.

Professor Peter Senge, bekannt durch sein Werk *Die fünfte Disziplin,* in dem er sich unter anderem auch mit dem Bildungssystem beschäftigt, stellt die Frage, wie es zu erklären sei, dass eine Gruppe Führungskräfte, von denen jeder einen IQ von mindestens 120 habe, einen kollektiven IQ von 63 aufweise. Senge ist der Ansicht, dass die Teilnehmer ihre Unterschiedlichkeit weder verstehen noch wertschätzen, dass sie einander nicht mit Respekt begegnen und so das Potenzial, das in der Gruppe vorhanden ist, überhaupt nicht nutzen können.[23]

Sowohl Erwachsene als auch Kinder müssen sich über die Prozesse, die in der Gruppe ablaufen, in der sie sich befinden, zunehmend bewusst werden. Das betrifft sowohl Teams am Arbeitsplatz als auch Gruppen in der Schule oder die eigene Familie. Die Möglichkeiten, die man in einer Gruppe hat, bestimmen allein ihre Mitglieder.

Damit eine Gruppe funktioniert, müssen folgende Voraussetzungen gegeben sein:

Die Teilnehmer müssen sich selbst im Klaren über ihre Arbeitsweise, ihre Problemlösungsstrategien und ihr Lernverhalten sein.

Die Teilnehmer müssen sich bewusst machen, dass jeder anders ist und anders handelt.

Die Teilnehmer müssen sich in der Gruppe wohlfühlen und akzeptiert werden.

Sie müssen einander mit Respekt begegnen und ein offenes Ohr für die Meinungen der anderen haben.

Diese Verhaltensweisen und Einstellungen bringen die meisten von uns nicht ohne Weiteres mit, wir müssen sie immer wieder üben.

Vor ein paar Jahren wurde der schwedische Begriff für Gruppentraining von den finnischen Pädagogen Pasi Sahlberg und Asko Leppilampi eingeführt.

Damit leisteten Sahlberg und Leppilampi einen Beitrag dazu, wie man in der Schule Situationen, wie Senge sie beschrieben hat, vermeiden kann. Eine Gruppe sollte eine mindestens so gute Leistung hervorbringen, wie es der Summe der Einzelleistungen entspräche, und vielleicht sogar ein noch besseres Ergebnis erzielen können.

Sahlberg und Leppilampi gehen auf verschiedene Ansätze ein, warum man das Lernen in der Schule zunehmend in einer Gruppenarbeitsform gestalten möchte. Vielleicht möchte man zu heterogene Strukturen in der Klasse aufbrechen oder das Klima im Klassenverband verbessern? So entwickelt man ein neues Wertesystem, nach dem die Schüler sich auf natürliche Weise gegenseitig helfen sollen.

Siv Vähämäki-Sundman von der Österbotten-Hochschule in Finnland hat jahrelang daran gearbeitet, Gruppenarbeitsformen in finnischen Schulen zu entwickeln und einzusetzen. Dabei stützt sich ihre Arbeit hauptsächlich auf einen Forschungsansatz, der an der Stanford University in den USA entwickelt worden ist und »Complex Instruction« genannt wird. Nach Vähämäki-Sundman gibt es drei grundlegende Voraussetzungen für eine gute Gruppenarbeit:

Du hast das Recht, jeden in der Gruppe um Hilfe zu bitten.
Du hast die Pflicht, dem zu helfen, der Hilfe braucht.
Du sollst deinen Klassenkameraden helfen, aber nicht ihre Aufgaben erledigen.

In der Praxis könnte ein solches Wertesystem folgendes beinhalten:
Du hilfst anderen, dass ihnen ihre Arbeit gelingt,
übernimmst Verantwortung für deine Gruppe,
hilfst mit, das Ergebnis der Gruppe zu präsentieren,
teilst dich mit,
fragst nach den Meinungen der anderen,
bittest andere um Hilfe,
lässt alle zu Wort kommen,

nimmst Blickkontakt auf,

bist aktiv,

führst Gespräche.

Bei einem wirksamen Gruppentraining ist es wichtig, dass man dem Prozess, der in der Gruppe abläuft, ebenso große Aufmerksamkeit schenkt wie dem Ergebnis, das am Ende der Gruppenarbeit steht.

Meist spielt sich Gruppenarbeit so ab, dass einer als Wortführer fungiert und die anderen abwartend und still dasitzen, offensichtlich passiv. Die Sprecher sind möglicherweise emotional zentrierte Kinder, die erst einmal ihre Ideen formulieren müssen, sozusagen »laut denken« in diesem interaktiven Prozess. Diejenigen, die eher abwarten, sind vielleicht die physisch zentrierten Kinder, die sich von dem ganzen Geschehen erst einmal ein Bild machen wollen. Was ist die Aufgabe? Für wen sollen wir sie erledigen, wann muss sie fertig sein? Sie versuchen, sich einen Überblick zu verschaffen und dann brauchen sie Zeit, um die Dinge zu durchdenken, bevor sie die Aspekte äußern, die ihnen zum Thema einfallen.

Bei meinen Gruppenarbeiten in der Schule habe ich versucht, einerseits die wertvollen Anregungen des Gruppentrainings aufzugreifen, andererseits meine Kenntnisse über Human Dynamics einfließen zu lassen.

Meist waren in den Arbeitsgruppen Kinder mit allen Persönlichkeitsdynamiken vertreten. Zum Beispiel bildeten zwei emotional-physische, zwei emotional-mentale, ein mental-physisches und ein physisch-emotionales Kind eine Gruppe.

Die Gruppe, die ich leitete, beschäftigte sich ausführlich mit unseren unterschiedlichen Talenten und Veranlagungen. Wir thematisierten das immer wieder und erinnerten uns daran, uns mit Respekt zu begegnen.

Es war wichtig, dass sich alle Kinder gut kannten. Wie oft passiert es in Schulklassen, dass manche Kinder so gut wie nichts voneinander wissen, obwohl sie in die gleiche Klasse gehen. Sie sprechen nicht miteinander. Um diesem Problem beizukommen, beschlossen wir, dass an jedem ersten Schultag im Monat die Plätze getauscht werden, wir haben sie einfach ausgelost. Die fünf Tische bekamen Nummern und die Kinder zogen dann einen Zettel mit der Nummer eins bis fünf. Und durch Zufall kam es meist so, dass man an einem Tisch mit jemandem landete, den man bisher noch gar nicht gut kannte.

Ein Teil der Themenarbeit, die wir jedes Schuljahr bewältigten, lief in den Gruppen ab.

Anfangs bestimmte ich noch, wie die Gruppen eingeteilt wurden. Später durften die Kinder die Gruppen auch selbst zusammenstellen, als sie mit dieser Arbeitsform umgehen konnten.

Bevor die Gruppenarbeit begann, erzählte jedes Gruppenmitglied, was er oder sie zur Arbeit beitragen wollte. Auch die gesamte Gruppe äußerte sich, was von jedem Einzelnen zu erwarten sei. Danach wurde die Vorgehensweise besprochen und man einigte sich, wer die Leitung für welchen Teil übernehmen sollte – diese Position wurde also immer wieder neu besetzt.

Zudem legten wir fest, dass wir nach einer halben Stunde in der Gruppe eine Pause einlegen wollten, um zu besprechen, wie die Gruppe funktionierte und wie jeder Einzelne seine Rolle und die Arbeit in der Gruppe bewertete. Man bekam fünf Minuten zur Reflexion und schrieb seine Gedanken auf; anschließend wurden sie in der Gruppe besprochen. Bei längeren Gruppenarbeitsphasen konnte man diese Pausen mehrmals einlegen. Das Ziel der Pausen war, dass sich jeder klarmachte, was gerade in der Gruppe ablief und überlegen konnte, ob jeder die gleichen Chancen hatte.

Auffällige Kinder

Einmal besuchte ich eine Vorlesung über »Buchstabenkinder«, wie wir sie hier in Schweden nennen. Kinder, die durch unterschiedliche Funktionsstörungen in der Schule und ihrem Umfeld auffallen, was nach Meinung verschiedener Wissenschaftler von neurologischen Störungen herrührt. Die Rede ist von ADHD, DAMP, ADD und dem Asperger Syndrom. Dieser Vortrag hat viele Fragen in mir ausgelöst, zumal ich schon einiges darüber gelesen hatte. Laufen wir Gefahr, viel zu schnell und »bereitwillig« solch eine Diagnose zu stellen, wenn wir Kinder vor uns haben, die einfach nicht ins Schema passen? Ohne Zweifel gibt es die Kinder, die aufgrund von neurologischen Störungen wirklich jede medizinische und psychologische Hilfe bekommen sollten, die möglich ist. Doch wenn man sich die Definitionen für das Asperger Syndrom anschaut, dann stellt man viele Ähnlichkeiten mit dem mental-physischen Kind fest.

Wenn ein kleines mental-physisches Kind noch nicht so weit entwickelt ist oder sich aus irgendeinem Grund in die Ecke gedrängt fühlt, zieht es sich zurück und verweigert die Kontaktaufnahme. Gleichzeitig reagiert es unflexibel, stur, will »mit dem Kopf durch die Wand«. Dem mental-physischen Kind ist es ganz wichtig, das Richtige zu tun, wenn es sich nicht sicher ist, tut es lieber gar nichts und wartet ab.

Als Anders fünf war, bekam er zu Weihnachten Schlittschuhe geschenkt. Gemeinsam mit seinen Eltern übte er zu laufen. Als seine Klassenlehrerin einen Ausflug mit gemeinsamem Schlittschuhlaufen ankündigte, weigerte sich Anders, die Schlittschuhe überhaupt einzupacken. Er wollte es perfekt können, bevor Fremde ihm zusahen.

In der Vorlesung, die ich oben erwähnte, wurden als Charakteristika für das Asperger Syndrom folgende genannt:

Den Kindern fehlt jegliche soziale Kompetenz, sie haben Schwierigkeiten, mit anderen zusammenzuarbeiten, überhaupt sich in einer Gruppe zu bewegen.

Sie empfinden es als Tortur, sich in einer großen Gruppe aufhalten zu müssen.

Es ist für sie enorm wichtig, genau zu wissen, was richtig und was falsch ist.

Die Kinder können sich so sehr in eine Aufgabe vertiefen, dass sie ihre Umgebung komplett ausblenden können.

Als Anders in den Kindergarten kam, vermuteten die Erzieherinnen, dass er Probleme mit dem Gehör habe und sprachen seine Mutter darauf an. Sie fragte zurück:

»Ist Anders vielleicht gerade mit etwas beschäftigt, wenn Sie eine Antwort von ihm erwarten? Ist er in etwas vertieft?« Meist war das der Fall, und sein offensichtlich schlechtes Hörvermögen war nichts anderes als das Resultat seiner totalen Konzentration auf eine Sache: Er blendete alles andere aus.

Ich kann mir gut vorstellen, dass bei einem kleinen mental-physischen Kind, dem man nicht hilft, das emotionale Prinzip zu entwickeln, sehr schnell das Asperger Syndrom diagnostiziert werden könnte und wir Erwachsene es als »gestört« betrachten, als »nicht normal«. Und was passiert? Selbstverständlich wird sich auch das Kind selbst so einordnen.

Die Dozentin berichtete von Kalle, der ADHD hat und Fredrik, bei dem DAMP festgestellt wurde. Während ich ihr zuhörte, hatte ich zunehmend den Eindruck, dass es sich hier um zwei emotional zentrierte Jungen handelte, deren Bedürfnisse nicht befriedigt wurden und die sehr ausgeprägte Dynamiken haben mussten. Sie waren noch nicht sehr weit entwickelt und reagierten genauso, wie ein kleines unreifes emotional-physisches und emotional-mentales Kind reagiert.

Kalle fiel dadurch auf, dass er sehr unkonzentriert war und sich schnell ablenken ließ. Sein Koordinationsvermögen war dürftig und seine Feinmotorik ebenfalls. Er wusste das, kam aber gar nicht zum Nachdenken, weil er ständig so aufgedreht war. In seinem Umfeld waren einfach zu viele Reize, sodass er oft nicht wusste, wo er anfangen sollte, wenn er eine Aufgabe lösen wollte. Er rannte ziellos hin und her und sprach mit den anderen und sich selbst.

Sicherlich erinnern Sie sich noch an Simon, mein Enkelkind, von dem ich in dem Kapitel über das emotional-physische Kind berichtet habe. Als er noch klein war, stellten seine Eltern fest, dass es viel zu viel für ihn war, wenn sie samstags und sonntags etwas unternahmen. Daraufhin beschlossen sie, sich nur noch an einem Tag Aktivitäten vorzunehmen – der andere wurde zum Pausentag. Seine Eltern konnten sich schon sehr früh auf Simons Bedürfnisse einstellen und heute ist er in der Lage, gut zu selektieren, wie viel er von seiner Umgebung aufnehmen will.

Wenn wir das emotional-physische Kind beschreiben, stoßen wir auf das Bedürfnis nach einer Struktur, festem Zeitrahmen und Unterstützung beim Selektieren und Fällen von Entscheidungen. Wir emotional-physische Erwachsene haben das mentale Prinzip meist integriert und dadurch weniger Probleme als das Kind, das noch nicht so weit entwickelt ist.

Dann erzählte die Dozentin von Fredrik, einem Jungen, der äußerst motiviert und konzentriert arbeiten konnte. Wenn ihn die Aufgabenstellung allerdings nicht interessierte, tat er keinen Handschlag. Das emotional-mentale Kind sieht als erstes seine eigenen Bedürfnisse und kann gar nicht verstehen, dass auch andere Menschen Bedürfnisse haben, denen man entsprechen muss. Ich tue alles, weil ich es will und nicht um Mama, Papa oder der Erzieherin einen Gefallen zu tun.

Am Ende des Vortrags legte sie eine Folie auf, auf der Fredriks positive und negative Seiten dargestellt wurden. Auf der Negativseite stand: schlecht in der Planung, impulsiv, ungeduldig, kann sich nicht an Regeln halten, agiert ohne vorher nachzudenken, redet einfach drauflos, bleibt nicht auf seinem Platz sitzen.

Auf der positiven Seite stand: flexibel, kann seine Strategie schnell ändern, zielorientiert, selbstständig, hat keine Angst vor Risiken, möchte seine Ideen einbringen, ist voller Energie.

Als ich mir das Bild so ansah, kam mir der Gedanke von neuem: »Was tun wir hier eigentlich? Kreieren wir ein Krankheitsbild, das genauso gut zu einem Gesunden passen könnte?«

Vor einiger Zeit sah ich im Fernsehen ein Programm über emotionale Intelligenz und soziale Kompetenz. Ich habe es in schlechter Erinnerung. Eine Psychologin von einem Unternehmen in Stockholm stellte einen Test vor, mit dem man die emotionale Intelligenz sowie die soziale Kompetenz bei Kindern messen kann. Dies sollte schon in der Vorschule passieren, um daraufhin die weitere Entwicklung des Kindes gezielt begleiten zu können. In der Sendung wurde ein kleines Mädchen gezeigt, das nicht besonders gut abschnitt. Die Psychologin wollte die Eltern darauf aufmerksam machen, dass es Anlass gab, sich in Zukunft über die emotionale Intelligenz ihrer Tochter Gedanken zu machen. Was lag da eigentlich vor? Ein kleines emotionalmentales Mädchen, das von einer emotional-physischen Psychologin bewertet wurde. Sie erfüllte ganz einfach ihre Erwartungen nicht. Selbstverständlich besaß die Kleine emotionale Intelligenz und soziale Kompetenz, doch sie äußerten sich anders als bei einer emotional-physischen Person. Das Mädchen bewies mit ihren vielen neuen Ideen und ihrem Engagement für die Gruppe selbstverständlich emotionale Intelligenz, doch sie stellte nicht gleich eine persönliche Beziehung her, in diesem Fall zu der Psychologin.

Ein anderes Beispiel in der Sendung war eine Oberstufenklasse, in der die emotionale Intelligenz trainiert und bewertet wurde und auch hier war eine emotional-physische Person dafür verantwortlich. Sie verteilte an jene Schüler, die ihre Gedanken und Gefühle verbal ausdrückten und sich ganz offensichtlich für andere interessierten und deren Stimmungen und Gefühle wahrnahmen, die besten Noten. Dies entspricht der emotional-physischen Mentalität. Was sie als soziale Kompetenz bezeichnete, stimmt nicht mit dem überein, was Menschen mit anderen Persönlichkeitsdynamiken dafür halten würden. Selbstverständlich kann man über soziale Kompetenz verfügen, auch wenn man nicht über die eigenen Gefühle oder die der anderen spricht. Fürsorge und Empathie können auch ohne Worte zum Ausdruck gebracht werden, nur in Handlungen geschehen. Das ist ebenfalls soziale Kompetenz, aber vielleicht die von physisch und mental zentrierten Personen.

Mit derartigem Schubladendenken, das so unreflektiert präsentiert wird, müssen wir vorsichtig sein. Es führt dazu, dass Kinder immer wieder negativ beurteilt werden, gerade diejenigen, die nicht emotional zentriert sind. Mit solch einem Test werden wir nie in der Lage sein, die Entwicklung der Kinder zu fördern.

Warum habe ich dieses Buch geschrieben?

Jahrelang hatte ich das Ziel vor Augen, mich und die anderen besser verstehen zu lernen. Ich habe so viele Jahre als Lehrerin gearbeitet, selbst eine Familie gegründet und immer wieder erleben müssen, dass Kinder und Erwachsene sich nicht verstehen oder nicht füreinander zugänglich sind und sich schließlich durch ihre Unwissenheit auch verletzen.

Meine eigene Tochter war mir selbst so wenig ähnlich, dass ich ihre Art nicht verstand und ihr Verhalten oft negativ deutete. Denn in meiner Interpretation ging ich natürlich von mir aus. Wenn ich damals schon über Human Dynamics Bescheid gewusst hätte, wären uns viele Missverständnisse erspart geblieben und vieles wäre positiver abgelaufen. Ich hätte ihre Bedürfnisse, die so anders gelagert waren als meine, viel besser verstehen und erkennen können.

In der Schule traf ich auf Kinder, die Lernschwierigkeiten hatten. Selbstverständlich ging ich davon aus, dass alle Kinder mit meiner Art des Unterrichts zurechtkamen und wenn das nicht funktionierte, suchte ich den Fehler beim Kind. Ich fragte mich: Was hat das Kind? Stattdessen hätte ich fragen müssen: Woran liegt es, dass das Kind nicht lernen kann? Steht die Schule dem Lernen im Weg? Kann ich meinen Unterricht anders gestalten? Ich fing also an, mich selbst als Teil einer Interaktion zu betrachten, bei der meine Person einer der Faktoren war, die das Gesamtergebnis bestimmten.

Als ich 1986 mit Human Dynamics in Berührung kam, war das der Schlüssel zu einem ganz neuen Verständnis!

Ich möchte meine Erfahrungen mit Ihnen teilen und so kam es zu diesem Buch. Damit Sie, ob Sie als Eltern oder Lehrer betroffen sind, auch in den Besitz dieses wunderbaren Werkzeugs kommen, um die Kinder in ihrer Entwicklung und ihrem Lernprozess unterstützen zu können. Auch wenn es selbstverständlich nicht die ganze Wahrheit ist – die Kenntnis von Human Dynamics wird Ihnen helfen.

Doch wie jede andere Theorie muss man sie vorsichtig einsetzen, mit Fingerspitzengefühl und immer wieder abwägen. Wenn etwas nicht funktioniert, wenn ich zum Beispiel zu Sara einfach keinen Zugang finde, wenn ich mit ihr kommuniziere, oder wenn ich finde, dass Lasse sich viel zu viel Zeit lässt für seine Antwort, dann ist es vielleicht ratsam, besser hinzuhören und genauer zu beobachten. Haben Sara und Lasse möglicherweise eine andere Dynamik als ich?

Da fällt mir ein, wie ich mit meinem sechsten Jahrgang im Herbst eine Schulfahrt nach Gotland unternommen habe. Wir hatten geplant, drei Nächte fort zu sein. Am Nachmittag des zweiten Tages gab es Probleme zwischen zwei Mädchen, Anna und Carina, daher schlug ich ein »Frauengespräch« mit allen Mädchen gemeinsam vor. Die anderen Mädchen fanden Anna oft kindisch, sie hatte zudem einen Hang zum Angeben und sagte nicht immer die Wahrheit. Zeit für ein Gespräch.

Carina, die emotional-physisch zentriert war, erzählte, dass sie sich schon immer über Annas Benehmen sehr geärgert habe. Anna, die auch emotional-physisch ist, fing an zu weinen. An diesem Punkt schaltete ich mich ein und erklärte, dass manche von uns besonders viel Bestätigung von den anderen brauchen und immer wieder hören wollen, dass man sie mag und dass sie gut genug sind. Das kommt bei den Klassenkameraden manchmal als Angeberei an.

Daraufhin kam vieles zur Sprache und jeder durfte sich äußern. Lena, mein emotional-mentales Mädchen, fragte nach einer halben Stunde: »Und, sind wir jetzt fertig?« »Nein«, antwortete ich, »noch nicht.« Weil mir klar war, dass es Lena schwerfiel einzusehen, warum wir alles so detailliert besprachen und auch zurückliegende Ereignisse diskutierten, sagte ich zu ihr: »Wenn du möchtest, kannst du mit Marie einen Spaziergang machen (Marie ist mental-physisch und schien auch keine Geduld mehr zu haben), in der Zwischenzeit können wir in Ruhe weiter reden.«

Nach weiteren Stellungnahmen und Erinnerungen, die bis in die Vorschulzeit zurück gingen, und unter Tränen einigten wir uns darauf, künftig besser miteinander umzugehen und uns mehr zu loben.

Die Jungen betrachteten unsere Runde ein bisschen neidisch, deshalb setzten wir für den kommenden Abend ein »Männergespräch« an. Ich hatte angekündigt, dass alle Jungen, die Lust hatten, sich nach dem Abendessen vor meinem Zimmer treffen sollten. Als ich den Flur entlang kam, sah ich alle Jungen vor meiner Tür stehen. Wir hatten ein sehr gutes Gespräch, in dem es um die Erwartungen, die die Gesellschaft an uns stellt, ging und dass sie uns umkrempeln oder einengen will. Wie man sich selbst »verbiegt«, um ins Schema zu passen.

Wir haben auch darüber geredet, dass man mit zunehmendem Alter reifer wird und sich traut, der zu sein, der man wirklich ist, und sich und andere akzeptieren lernt. Als die Jungen gegangen waren, klopfte ein wenig später jemand an meine Zimmertür. Henrik schaute herein und fragte: »Berit, wie weit bin ich denn schon entwickelt?«

»Du bist schon ganz gut dabei«, sagte ich, »denn du stellst dir selbst diese Frage, beobachtest dich und denkst darüber nach.« Henrik ist physisch-mental und hat immer das Bedürfnis, alles zu planen, strategisch vorzugehen, auch was sein Leben angeht. Die Frage, die er mir stellte, war enorm wichtig, denn er zeigte damit, dass ihm die Vorgänge in ihm selbst bewusst waren, und so war er authentisch. Gerade damit haben physisch zentrierte Menschen oft Schwierigkeiten.

Es ist wichtig darauf hinzuweisen, dass die Persönlichkeitsdynamiken keine Wertigkeiten implizieren. Man kann nicht sagen, dass Person x mit der Dynamik x intelligenter sein muss als Person y mit der Dynamik y. Sie ist auch nicht reifer, empathischer oder sensibler. Die Dynamik ist nur ein Teil unserer Persönlichkeit, wenn auch ein besonders wichtiger, und auf dessen Grundlage entwickeln wir uns ein Leben lang.

150

Wenn wir wissen, welche Möglichkeiten wir haben, um unsere Kinder zu fördern – und zwar die Kinder um uns herum und unser »inneres Kind« – dann sind wir hoffentlich in der Lage, eine bessere Welt für unsere Kinder und uns zu schaffen.

Wenn wir in jedem Kind das Einzigartige sehen können, aber auch die Gemeinsamkeiten, können wir die Entwicklung eines jeden Kindes verstehen und unterstützen und so sein Selbstwertgefühl und Selbstvertrauen stärken, was wir alle so sehr brauchen. Das macht uns stark und wir trauen uns, in die Welt zu gehen.

Zu fliegen wagen, den Schritt zu machen in ein Leben voller Leben,
mit glühendem Eifer und einem Vulkan voller Gefühle das tun, woran ich glaube,
es wagen aufzustehen – dagegen zu stehen.

Den Kopf erheben, bis kein Hindernis mir die Sicht mehr nimmt.
Wer möchte das nicht – doch wer traut sich?

Die Ängste von Menschen sind Mauern, und sie zu durchbrechen ist schwer.
Viele leben ihr Leben nur halb – und wissen nicht, wie sie es besser tun.
Sie träumen vom Fliegen, doch trau'n sich nicht.

(Gedanken während meiner Fortbildung zur Schulleiterin 1988)

Anmerkungen

1 Schwedische Bezeichnung für eine Form von ADHS, Anm. d. Übers.
2 Freilichtmuseum in Stockholm, Anm. d. Übers.
3 David Lazear, *Seven Pathways of Learning*, Introduction.
4 Howard Gardner, *Abschied vom IQ*, Kap. 4.
5 Vgl. Howard Gardner, *Abschied vom IQ*, Kap. 5.
6 Läsning på talets grund – Methode des Lesenlernens auf der Basis der gesprochenen Sprache. Anm. d. Übers.
7 *Musikens Värld*. (1979). Göteborg, Kulturhistoriska Förlaget (dt. Welt der Musik, Anm. d. Übers.), Stichwort »Paganini«.
8 Ebd., Stichwort »Chopin«.
9 Vgl. Howard Gardner, *Abschied vom IQ*, Kap. 7.
10 *The New Yorker*, 5. März 1979, S. 28.
11 Howard Gardner, *Abschied vom IQ*, Kap. 8.
12 Vgl. Howard Gardner, *Abschied vom IQ*, Kap. 8.
13 Howard Gardner, *Abschied vom IQ*, Kap. 8.
14 Vgl. Howard Gardner, *Abschied vom IQ*, Kap. 9.
15 Howard Gardner, *Abschied vom IQ*, Kap. 10.
16 Vgl. Howard Gardner, *Der ungeschulte Kopf*, Kap. 1.
17 Intelligenz-Quotient, Emotionaler Quotient und Spiritueller Quotient. Anm. d. Übers.
18 Vgl. Jeanette Vos und Gordon Dryden, *The Learning Revolution*, Kap. 10.
19 Sandra Seagal, *Human Dynamics in Teaching and Learning*.
20 *Human Dynamics som ett redskap för kompetensutveckling för lärare*. Pedagogiska Institutionen (dt. Human Dynamics als Werkzeug der Qualifizierung für Lehrer, Anm. d. Übers.).
21 *Svenska Dagbladet*, 17. Juli 2001.
22 Das Lied der Schildkröte, Anm. d. Übers.
23 Peter Senge, *Die fünfte Disziplin*, Kap. 1.

Literaturverzeichnis

Bergström, Berit (1993), *Human Dynamics som ett redskap för kompetens-utveckling för lärare.* Ped. Institutionen, Stockholms Universitet.

Bjørkvold, Jon-Roar (1998), *Sköldpaddans sång.* Stockholm: Runa Förlag.

Bracken, Patricia (1991), *Metaphors Are Fun.* Produktion: Edna Glover Mishkin.

Brooks, Carol (1986), *Working With Female Relational Learners in Technology and Trades Training.* Western Ontario University, Kanada.

Campbell, Don (1998), *The Mozart Effect.* New York: Avon Books.

Dickenson, Dee & Campbell, Linda (1992), *Teaching and Learning Through Multiple Intelligences.* Seattle, Washington: New Horizons for learning.

Davis, Ronald D. (1995), *The Gift of Dyslexia.* London: Souvenir Press.

Dunn, Rita & Dunn, Kenn u. a. (1992), *Bringing Out the Giftedness in Your Child.* New York: John Wiley & Sons Inc.

Duvner, Tore (1997), *ADHD.* Stockholm: Liber.

Gardner, Howard (2005), *Abschied vom IQ. Die Rahmen-Theorie der vielfachen Intelligenzen.* 3. Aufl. Stuttgart: Klett-Cotta.

Gardner, Howard (2001), *Der ungeschulte Kopf. Wie Kinder denken.* 4. Aufl. Stuttgart: Klett-Cotta.

Goleman, Daniel (1996), *Emotionale Intelligenz.* München: Carl Hanser.

Gregorc, Anthony (1982), *An Adult's Guide to Style.* University of Connecticut.

Lazear, David (1991), *Seven Ways of Knowing.* Palatine, Illinois: Skylight Publishing.

Lazear, David (1994), *Seven Pathways of Learning.* Tuscon, Arizona: Zephyr Press.

Lazear, David (1991), *Seven Ways of Teaching. The Artistry of Teaching With Multiple Intelligences.* Palatine, Illinois: Skylight Publishing.

LPO 94, Läroplan för grundskolan (Lehrplan für die Grundschule).

Musikens Värld (1979), Göteborg: Kulturhistoriska Förlaget.

Seagal, Sandra & Horne, David (1983), *Human Dynamics in Teaching and Learning. New Tools and Strategies.* Los Angeles: Human Dynamics International.

Seagal, Sandra & Horne, David (1997), *Human Dynamics: A New Framework for Understanding People and Realisation of the Potential In Our Organizations.* Cambridge, Massachusetts: Pegasus Communications, Inc.

Seligman, Martin E. P. (1995), *The Optimistic Child.* Boston: Houghton Mifflin Company.

Senge, Peter M. (2006), *Die fünfte Disziplin. Kunst und Praxis der lernenden Organisation.* 10. Aufl. Stuttgart: Klett-Cotta.

Sahlberg, Pasi & Leppilampi, Asko (1998), *Samarbetsinlärning.* Stockholm: Runa Förlag.

Sjödén, Stellan (1995), *Hjärnan.* Jönköping: Brain Books.

Svenska Dagbladet (17.7.2001), »Vi måste våga släppa våra falska personligheter«, Stockholm.

The New Yorker, 5. März 1979, S. 28.

Vos, Jeanette & Dryden, Gordon (1999), *The Learning Revolution.* Torrance California & Auckland, Neuseeland: The Learning Web.

Wilson, Dorothy u. a. (1989), *Visual and Performing Art Framework.* California State Department of Education.

Zohar, Danah & Marshall, Ian (2000), *Spiritual Intelligence.* London: Bloomsbury.